소중한 마음을 담아
_____님께 이책을 드립니다.

_____느님

두 배 기적의 리더
엘리사

두 배 기적의 리더
엘리사

- 초판 1쇄 발행 2012년 6월 4일

- 지은이 조봉희
- 펴낸이 정종현
- 펴낸곳 도서출판 누가

- 등록번호 제20-342호
- 등록일자 제2008. 8. 30
- 주소 서울시 강서구 염창동 282-19 현대아이파크상가 B 102호
- 전화 02-826-8802 팩스 02-826-8803

- 정가 11,000원
- ISBN 978-89-92735-67-4 03230

* 파본은 교환해 드립니다.
* 이 출판물은 저작권법에 의해 보호를 받는
  저작물이므로 무단 복제할 수 없습니다.
* 독자의 의견을 기다립니다.
* lukevision@hanmail.net

조봉희 지음

두 배 기적의 리더
엘리사
Elishah

하나님의 사람으로 살면서 성령의 기적을 일으키라!

엘리사는 20대 청년시절에 선지 생도로 소명을 받고, 약관 30세에 엘리야의 후계자가 되었다. 그는 큰 가슴의 비전을 품고 스승 엘리야를 끝까지 따라다니며 최선을 다하는 태도를 보였기에 일등급 인생으로 부상하는 복을 받은 것이다.

그는 이스라엘 정국이 불안정한 시대에 다섯 명의 왕정과 과도기를 거치면서도 약 56년 동안 초지일관 사역했다. 그는 결코 지치지 않는 삶을 살았다. 비전과 열정 인생을 사는 만큼 그에게는 기적이 상식이 되었다. 그래서 엘리사의 인생은 너무나 멋진 대단원을 내린다. 그는 죽어서도 기적을 일으킨다. 자기 몸에 닿은 시체들까지도 일어나도록 했다. 그는 부활의 능력까지 보여주는 하나님의 사람으로 산 것이다.

차례

머리말 … 6

|1장| 하나님께 쓰임 받는 자의 행복(왕상 19:19-21) … 11
|2장| 기적은 비전의 크기만큼 일어난다(왕하 2:1-14) … 27
|3장| 근본치유를 받으라(왕하 2:19-22) … 41
|4장| 경외심을 회복하라(왕하 2:23-25) … 53
|5장| 우리의 비전 진행과 성령의 기적(왕하 3:13-20) … 69
|6장| 하나님은 당신도 돌보아주신다(왕하 4:1-7) … 81
|7장| 하나님께서 감동하시는 헌신(왕하 4:8-17) … 99
|8장| 안정된 믿음의 위력(왕하 4:17-37) … 115

|9장| 넘치도록 풍성한 축복(왕하 8:1-6) ··· 131

|10장| 긍휼로 해결해주신다(왕하 4:38-41) ··· 143

|11장| 하찮은 것으로도 풍성한 기적을!(왕하 4:42-44) ··· 155

|12장| 무명의 소녀, 위대한 기적(왕하 5:1-10) ··· 169

|13장| 은혜체험의 수준을 높이라(왕하 5:9-14) ··· 181

|14장| 다 함께 성령의 기적을 일으키라(왕하 6:1-7) ··· 193

|15장| 하나님의 사람으로 살아가라(왕하 6:8-23) ··· 205

|16장| 희망을 품고 사는 자가 기적을 부른다(왕하 7:1-20) ··· 217

|17장| 최선을 다 할 때 최선의 기적을 맛본다(왕하 13:14-21) ··· 229

머리말

우리나라 최대 출판사 전산실에 잔뼈가 굵은 한 분이 계시다. 그는 회사 오너의 지시에 따라 전산시스템을 구축하는 프로젝트를 맡았다. 상부 명령에 따라 회사 규모와 균형발전에 비해 과다한 투자를 해야만 했다. 엄청난 장비 투입으로 최고 수준을 갖추고 완전 무결하게 세팅을 해놓았다.

그리고 얼마가 지나자 회사는 그를 내치고 말았다. 상당수의 대기업이 그렇듯이 이 회사도 족벌체제로 친인척을 그 자리에 앉히려고 전산시스템에 그처럼 막대한 투자를 했던 것이다. 그는 하루아침에 퇴출을 당해 막막한 신세가 되었다. 갑작스레 벌어진 현실에 그는 망연하게 나날을 보내야 했다.

이런 위기상황을 맞이한 가족들은 모두가 하나님만을 붙잡고 의지하는 기도에 매달렸다. 특히 기도대장이신 어머니 권사님과 부인이 금식하며 기도하였고, 결국 본인도 답답한 마음으로 작정기도를 드리고자 산에 올라갔다.

그로부터 몇 개월 후에 회사에서 뜻밖의 연락이 왔다. 최첨단 시스템을 완벽하게 갖춘 그 부분을 인수해가라는 제안이었다. 그것도 매우 저렴한 가격으로 제안이 왔다. 사실은 전산실장을 맡은 자가 도저히 실력이 되지 않아 경영을 하지 못하므로 그 분야를 양도하게 된 것이다.

이처럼 그는 예상하지 못한 기적을 체험한 것이다. 그가 인수받아 설립한 회사는 지금 여러 개의 자회사와 지사를 거느리는 탄탄한 기업이 되었다.

사실 그는 20대 청년시절 입사하는 순간부터 평범한 직원의식으로 일하지 않고, 미래 사장이 되는 꿈을 품고 일했다고 한다. 이런 비전 지향적 자기리더십이 그로 하여금 오늘의 성공적인 CEO가 되게 한 것이다.

이런 기적이 어찌 이 한 사람의 이야기이겠는가? 비전 지향적 믿음으로 사는 자에게는 놀라운 기적이 따라온다.

최근 통계에 의하면 2천 년대 전까지는 10명 중에 2명만이 기적을 믿는다고 대답했다. 그런데 지금은 10명 중에 8명이 기적을 믿는다고 대답하고 있다. 현대는 기적의 시대다. 21세기는 과학만능

주의 시대인데도 불구하고, 포스트모던 문화는 끊임없이 신비로운 것을 찾으며, 기적에 목말라하는 '환상적인 문화'를 지향하고 있다. 우리는 기적을 숭배해서는 안 되지만, 기적을 믿어야 한다.

예수님을 모시고 사는 사람에게는 놀라운 기적이 따라온다. 구원의 기적, 변화의 기적, 치유의 기적, 임신의 기적, 보호의 기적, 역전승의 기적, 사업번영과 회생의 기적 등 이루 다 말할 수 없을 것이다.

오늘 우리에게도 과연 가능할까?

소설가 Fay Weldon은 "예기치 않은 일을 하게 되면, 예기치 않은 일이 일어난다."고 강조한다.

그렇다. 당신이 일생을 통하여 예상 가능한 일만 한다면 예상 가능한 일들만 일어나게 될 뿐이다. 그러나 우리가 믿음으로 모험하는 만큼 예상을 뛰어넘는 신비한 일들이 일어난다. 기적 인생을 살아가게 된다.

엘리사가 바로 그런 인물이다. 그는 당시 세 곳의 신학교 학생 200여 명 중에서 비전과 믿음이 가장 큰 자였다. 그래서 하나님께서 그를 통해 놀라운 기적을 많이 일으켜주셨다. 스승 엘리야 선지자보다 두 배나 더 많은 기적을 일으켰다.

엘리사는 20대 청년시절에 선지 생도로 소명을 받고, 약관 30세에 엘리야의 후계자가 되었다. 그는 큰 가슴의 비전을 품고 스승 엘리야를 끝까지 따라다니며 최선을 다하는 태도를 보였기에 일등급 인생으로 부상하는 복을 받은 것이다.

그는 이스라엘 정국이 불안정한 시대에 다섯 명의 왕정과 과도기를 거치면서도 약 56년 동안 초지일관 사역했다. 그는 결코 지치지 않는 삶을 살았다. 비전과 열정 인생을 사는 만큼 그에게는 기적이 상식이 되었다. 그래서 엘리사의 인생은 너무나 멋진 대단원을 내린다. 그는 죽어서도 기적을 일으킨다. 자기 몸에 닿는 시체들까지도 일어나도록 했다. 그는 부활의 능력까지 보여주는 하나님의 사람으로 산 것이다.

오늘 우리도 어떻게 하면 남들보다 더 많은 기적인생을 살 수 있을까? 비전만큼 기적이 따라온다. 역사 이래로 비전을 품은 사람들에게는 기적의 신화를 이루어냈다. 이 책을 통하여 모두가 기적을 체험하기를 원한다. 네덜란드 자유대학의 조직신학 교수였던 헤르만 바빙크의 책 제목처럼 『하나님의 큰 일』Magnelia Dei을 이루는 기적 인생이 되기를 꿈꾼다.

끝으로 이 책을 감동적인 작품으로 만들어주신 누가출판사의 정종현 사장님과 편집자, 디자이너에게 감사를 드린다. 그리고 오늘도 기적의 현장을 이루어가고 있는 지구촌교회 모든 교우들께 큰 감사를 드린다. 다시 한 번 그 기적의 자리로 당신을 초대한다.

-저자 조봉희

1장

하나님께
쓰임 받는 자의
행복

열왕기상 19:19~21

19 엘리야가 거기서 떠나 사밧의 아들 엘리사를 만나니 그가 열두 겨릿소를 앞세우고 밭을 가는데 자기는 열두째 겨릿소와 함께 있더라 엘리야가 그리로 건너가서 겉옷을 그의 위에 던졌더니 20 그가 소를 버리고 엘리야에게로 달려가서 이르되 청하건대 나를 내 부모와 입 맞추게 하소서 그리한 후에 내가 당신을 따르리이다 엘리야가 그에게 이르되 돌아가라 내가 네게 어떻게 행하였느냐 하니라 21 엘리사가 그를 떠나 돌아가서 한 겨릿소를 가져다가 잡고 소의 기구를 불살라 그 고기를 삶아 백성에게 주어 먹게 하고 일어나 엘리야를 따르며 수종 들었더라

Elishah

신학교 시절에 읽은 한 권의 책을 결코 잊을 수 없습니다. 당시 제게 큰 감동을 주었을 뿐만 아니라 인생에 대해 행복한 꿈을 품게 만들었고, 오늘에 이르기까지 결코 그 꿈을 포기하지 않도록 강력한 힘을 준 『하나님이 쓰시는 사람』이라는 책입니다. 캐나다의 오스왈드 스미스Oswald Smith라는 목사님이 사람은 하나님께 쓰임 받을 때 최고의 행복을 누린다는 주제로 쓰신 책입니다. 실제로 스미스 목사님은 목회사역을 감당하면서 한때 전 세계에 선교사를 가장 많이 보내는 일로 귀하게 쓰임 받은 사람입니다. 자기가 저술하는 책의 주제를 자신이 체험적으로 잘 알고 쓴 책입니다.

아무리 재능이 탁월하고 최고의 실력을 갖추고 비할 수 없이 크게 성공하더라도 하나님께서 쓰시지 않으면 헛되고 헛된 무용지물입니다. 반면에 세상이 쓸모없다고 내버렸을지라도 하나님께서 쓰시면 세상이 감당하지 못할 위대한 일을 할 수 있고 세상이 줄 수 없는 행복을 누릴 수 있습니다. 스미스 목사님의 책을 통해서 얻은 이 결론이 주는 깊은 감동 때문에 저는 지금도 누군가에게 책을 선물할 때는 이런 축복의 메시지를 적어서 드립니다.

"하나님께서 쓰시는 사람"

The Man who God uses

선지자 엘리사는 그런 행복을 그 어떤 누구보다도 대단하게 누린 주인공 가운데 한 사람입니다. 이스라엘 역사상 가장 어렵고 도움의 손길이 필요한 시점에서 하나님께서 각별하게 선택하시고 특별히 요긴하게 쓰신 사람입니다.

엘리사는 선지자 엘리야의 제자였습니다. 엘리야의 제자가 되었다는 것만으로도 충분히 영광스러운 일입니다. 엘리사는 혈기 왕성한 20대 청년시절에 엘리야를 통해 소명을 받아 30세에 스승 엘리야의 후계자로 발탁되었습니다. 그 후로 60년 동안이나 하나님께서 아주 잘 쓰셨습니다. 오랫동안 잘 살았다가 아니라, 하나님께서 오랫동안 아주 쓸모 있게 사용하셨다는 사실에 주목해야 합니다. 나이로 보면 모세보다도 50년 먼저 사역을 시작하였고, 사역기간 자체로 보아도 모세보다 20년을 더 길게 쓰셨습니다. 엘리사는 다섯 명의 왕정을 거쳐 90세를 넘도록 열정 그 자체의 인생을 살았습니다.

엘리사는 매우 유복한 집안에서 태어났습니다. 그의 집안은 12겨리 즉, 24마리의 소로 밭을 일구고 농사를 짓습니다. 그 당시에 소 2마리를 한 쌍으로 묶어 농사를 지을 정도면 부자라고 했으니 12겨리로 땅을 일구어야 할 정도로 큰 농사를 짓는 엘리사 집안은 보통 부자보다 12배나 큰 부자라는 것을 암시합니다. 굉장한 부자입니다. 엘리사는 대단한 부잣집 아들이었습니다.

물론 하나님은 부자만 쓰시는 것은 아닙니다. 건강한 자만, 성공한 자만 쓰시는 것도 아닙니다. 하나님은 오로지 자신의 즐거운 뜻대로, 자신이 원하시는 자를 주권적으로 선택하여 쓰십니다. 다양한 사람을 골라 다양하게 쓰십니다. 가난한 자도, 연약한 자도 쓰십니다. 중요한 것은 하나님께서 쓰시겠다고 선택하시는 것이고, 그런 선택을 받은 자의 행복입니다. 하나님께는 엘리야와 함께 했던, 하나님께서 숨겨둔 7천 명의 믿음의 용사들이 있었습니다. 바알에게 무릎을 꿇지 않았다고 하나님으로부터 인정받고 하나님께서 귀하게 여긴 훌륭한 신앙인들입니다. 그러나 엘리사는 그 7천 명의 영웅적인 신앙인들과는 별도로, 하나님께서 더욱 귀하고 특별하게 선택하여 쓰신 사람입니다. 얼마나 놀라운 축복입니까? 그가 느꼈을 행복감을 상상해 보시기 바랍니다. 그의 가슴이 얼마나 큰 놀라움으로 벅찼을지 헤아려보시기 바랍니다.

지금 이 시대가 칠흑같이 어둡고 견딜 수 없는 고통이 가득하다면, 그래서 하나님께서 특별한 은혜와 역사를 베풀어야 하는 그런 시대라면, 지금 하나님은 쓸 만한 사람을 찾고 계신 것입니다. 유능하고 똑똑하고 출세하고 성공한 사람은 많습니다. 그러나 그 많은 사람 가운데 하나님께서 즐거이 쓰시는 사람, 탁월하게 쓰임 받는 사람은 별로 없습니다. 사람은 헤아릴 수 없이 많지만, 하나님 보시기에 적합한 사람은 너무나 적습니다. 그렇다면 하나님은 어떤 사람을 엘리사처럼 귀하게 쓰실까요?

성실한 리더십을 가진 자

엘리사를 하나님께서 선택하여 쓰신 요인을 엘리사의 성품에서도 찾아야 할 것입니다. 본문 19절은 하나님께서 소명을 주어 불러내시기 전에 엘리사가 어떤 성품을 가졌는지를 특별히 우리에게 보여줍니다. '성실성'입니다. 엘리사는 아름다운 성실성을 가진 청년이었습니다.

성경은 먼저 엘리사가 들에서 일하는 모습을 우리 눈앞에 그려 줍니다. 땅을 일구어 농사를 본격적으로 준비하는 장면입니다. 엘리사의 아버지는 특별히 일을 잘하는 종들을 불러 모으고 24마리의 소를 둘씩 짝을 지워 12겨리로 만들고 밭을 갈도록 합니다. 그런데 그 대단한 부잣집 아들이 12번째 겨리의 소를 몰고 직접 밭을 갈기 시작합니다. 종, 일꾼과 전혀 다를 것 없이 일을 합니다. 그는 20대의 혈기 충만한 청년입니다. 값비싼 옷을 입고, 부잣집 친구들과 어울리며 돈 떨어질 걱정 없이 방탕하게 살 수도 있었습니다. 흙먼지를 피해 멀찍이 떨어져서 종들이 일하는 모습을 '감독'만 할 수도 있었습니다. 아버지로부터 한 밑천을 받아 좀 더 그럴듯한 사업을 벌일 수도 있었습니다. 견문을 넓히겠다고 번화한 세상을 찾아 돌아다닐 수도 있었습니다.

흙먼지와 굵은 땀방울을 마다하지 않고 소를 모는 장면을 통해 엘리사의 성품이 어떠한지 우리는 충분히 유추해 볼 수 있습니다.

엄청난 부잣집의 귀한 아들임에도 불구하고 직접 소를 몰며 밭을 갈았다면 분명 열심히 일했을 것입니다. 소떼가 가는대로만 맡긴다면 소조차도 밭을 제대로 갈지 않았을 것입니다. 종들에게만 맡겨놓았다면 일의 능률은 형편없었을 것입니다. 아버지가 감독하니 자기는 필요 없다고 여겨 한가롭게 빈둥거렸다면 종들도 신명나게 일하지 않았을 것입니다. 귀한 아들임에도 불구하고 종들과 함께, 종들처럼, 소처럼 불평 없이 열심히 일을 하는 모습은 함께 일하는 종들도 기분 좋게 만들어주고 더욱 열심히 일하도록 만들어주었을 것입니다.

바로 이 지점에서 엘리사의 성실성은 솔선수범의 리더십으로 발전하고 있습니다. 종들에게 열심히 일하라고 다그치거나 몰아댈 필요가 없습니다. 함께 일하는 종들은 고개를 돌려 보지 않아도 주인집 아들 엘리사가 열심히 일한다는 것을 느낄 수 있었기에 더욱 즐겁게 열심히 일하게 되었을 것입니다. 엘리사의 성실성 그 자체가 종들로 하여금 따르게 만들고 더욱 열심히 일하게 만든 이것이 진정한 리더십입니다.

본문 21절 마지막 소절은 엘리사의 성실성을 다시 한 번 더 확인해줍니다. 엘리야의 제자가 되어 배울 때의 모습을 말해줍니다. 엘리사의 성실성은 여전히 변함이 없었습니다. 엘리사가 엘리야의 부름을 받고 제자가 되면서 갖게 된 기본자세를 '수종들었다'라는 말로 표현합니다. 이 말은 '종처럼 성실하게 섬겼다'라는 뜻입니다. 모세의 제자 여호수아의 자세를 묘사할 때 사용한 단어입니다(출 33:11).

열왕기하 3장 11절에서도 엘리사를, 그 스승 엘리야 선지자를 시중들며 성실하게 섬겼다고 칭찬합니다. 단지 학생으로서 열심히 배웠다는 정도가 아니라 종처럼 자신을 낮춰 성실하게 섬긴 그 자세가 하나님께서 귀하게 쓰는 사람이 배워야 할 근본자세임을 성경은 강조적으로 우리에게 보여주는 것입니다. 엘리사는 부름받기 전에, 그리고 부름 받아 연단을 받는 과정에서 한결같은 성실성을 발휘한 아름다운 청년이었습니다.

예수님께서 직접 각별하게 선발하여 양육한 12제자들에게서도 '성실성'이라는 공통점을 찾을 수 있습니다. 제자들은 한결같이 자신의 위치에서 열심히, 성실하게 일하다가 소명을 받았습니다. 빈둥거리며 놀다가 쓰임 받은 사람은 없습니다. 스미스 목사의 『하나님이 쓰시는 사람』이라는 책에서 강조하는 핵심도, 하나님은 성실한 사람을 고귀하게 쓰신다는 바로 이 점입니다.

성공보다 성실입니다. 테레사M. Teresa 수녀도 이 점을 감동적으로 표현하였습니다.

> "하나님은 우리 모두를 성공하라고 부르지 않으셨다.
> 그러나 우리 모두를 성실하라고 부르셨다."

미국의 프랭클린 루스벨트 대통령은 1930년대 미국의 경제대공황을 극복하고 제 2차 세계대전을 승리로 이끈 지도자입니다. 미국을 20세기 최강국으로 만든 결정적인 공헌을 하였고, 국민의 압도적인 지지로 미국에서 처음이자 마지막으로 네 차례나 대통령에 당선되어 12년을 백악관의 주인으로 살았습니다. 미국인들에게 가장 존경하는 대통령을 묻는 설문조사에서 언제나 몇 손가락 안에 꼽히는 인물입니다. 이렇게 유명한 지도자 루스벨트 대통령도 "유명한 것보다 성실함이 더 낫다"라고 역설했습니다.

단지 인기 있다는 것, 유명하다는 것, 성공했다고 남들이 알아주는 것은 잠시 있다가 사라지는 안개에 불과합니다(약 4:14). 솔로몬의 영광도 헛되고 헛될 뿐입니다. 그러나 성실한 사람은 잊혀지지 않습니다. 얼굴에 땀을 흘리며 목표를 향하여 꾸준히 나아가는 성실한 사람, 그런 사람은 하나님의 창조법칙에 순응하는 열매를 맺습니다. 하나님께서 주목하시는 사람이고, 사람들에게 잊혀지지 않는 사람입니다.

이사야 벌린Isaiah Berlin, 1909~1997이라는 영국의 유명한 사상가가 그리스 우화에 나오는 이야기를 바탕으로 1953년에 쓴 『고슴도치와 여우』라는 수필이 근래에 새롭게 주목받았습니다. 머리가 좋고 민첩한 여우는 무수히 많은 꾀를 내고 셀 수 없이 다양한 방법으로 고슴도치를 공격하지만 언제나 고슴도치가 이깁니다. 고슴도치의 불패의 전략, 필승의 전술은 사실 단 한 가지 뿐입니다. 자신의 천

성과 본능대로 언제나 몸을 동그랗게 말고 가시를 세우는 것입니다. 고슴도치는 자신의 본질만을 중시하고 그 나머지는 무시합니다. 자신의 본성에 성실하기 때문에 여우의 잔꾀와 민첩성을 이길 수 있다는 것입니다.

성실성이 성공의 첩경입니다. 성실하지 못한 것이 불성실입니다. 불성실은 실패의 근본요인이 됩니다. 사실, 성실의 반대말은 실성입니다. 성실하지 않으면 실성합니다. 성공의 사닥다리를 발 빠르게 올라가고 남을 앞지르는 영악한 잔꾀가 사람을 성공시킬 것처럼 보이지만 한순간일 뿐입니다. 성실성은 하나님께서 세상과 천하만물을 창조하시면서 정하신 법칙입니다. 아담과 하와를 에덴동산 밖으로 내보내실 때 가르치신 인생 성공의 근본원리입니다. 반짝이는 재능도 결국, 꾸준한 성실 앞에 무릎을 꿇고 맙니다.

미·소공동회담을 성사시켜 냉전시대를 끝낸 로널드 레이건 대통령을, 미국인들은 '위대한 소통자'라고 부르면서 초당적으로 20세기 최고의 대통령이라고 인정합니다. 로널드 레이건 대통령은 제 40대 대통령으로서 1989년에 임기를 끝내고 백악관을 떠난 지 20년이 넘은 지금 다시 주목받고 존경받고 있습니다. 사람들이 그를 다시 기억해내고 주목하는 까닭은 우직한 성실성 때문이라고 합니다. '우직하다'라는 말은 단순하고 미련하다는 뉘앙스가 있는 말입니다. 레이건은 바보같이, 단순하게, 미련할 정도로 성실하였다는 것입니다. 그런데 다름 아닌 바로 그 이유 때문에 레이건은 잊을 수 없는 인물로 존경받는 것입니다. 우직한 성실성은 결코 잊을 수 없는 가치를 지닌 열매를 뒤에 남깁니다. 성실한 사람은 영원히 존경받습니다.

하나님께서 사울을 버리고 다윗을 쓰신 근본 동기도 성실성입니다. 하나님은 다윗을 보시고 "내 마음에 합한 자"라고 흐뭇하게 칭찬하셨습니다(삼상 13:14, 행 13:22). 다윗의 인격과 성품은 성실성 그 자체였습니다. 다윗은 민족의 지도자였던 사무엘 선지자가 찾아왔을 때 아직 어린 막내였습니다. 사무엘이 이새에게 아들들을 불러오라고 하자 가장 듬직하게 여겼던 장남부터 차례로 불러들였습니다. 위대한 선지자의 기름부음과 축복기도를 받기 위해 일곱 형은 양떼와 어린 동생을 들판에 버려두고 모두 다 집으로 왔습니다. 자신들의 이익만 생각할 뿐, 자기가 맡았던 양떼와 막내 동생의 안전에 대한 책임감이 없었습니다.

그러나 다윗만은 혼자서라도 양떼를 지키고자 들판에 남았습니다. 다윗의 성실한 성품을 엿볼 수 있습니다. 구경이라도 하겠다고, 위대한 선지자의 얼굴이라도 보겠다고, 아니면 혼자서는 무섭다고 형들을 좇아왔을 수도 있었습니다. 형들을 원망할 수도 있었습니다. 그러나 다윗은 들녘에 홀로 남았습니다. 양떼와 함께 남아 양떼를 지켰습니다. 바로 이 성실성 때문에 하나님은 자신의 양떼인 이스라엘을 다윗의 손에 맡기셨습니다(시 78:70-72).

결단력 있는 리더십을 가진 자

하나님은 성실한 사람을 쓰십니다. 성실한 사람을 선택하여 하나님께서 원하는 자리로 불러내십니다. 그 부르심을 받았을 때 하나님을 향해 돌아서야 합니다. 돌아서서 하나님을 따라가야 하나님께서 쓰실 수 있습니다. 부름 받은 사람이 자신이 그동안 쌓아온 것, 혼신의 힘을 다해 성실하게 노력해오던 것을 그 자리에 버려두고 돌아선다는 것은 결코 쉬운 일이 아닙니다. 그러나 우리는 언제든 하나님을 따르기로 결단하고, 그 결단대로 실천해야 합니다.

엘리사는 엘리야 선지자의 후계자로 부름 받았을 때 아주 멋지게 결단합니다. 부르심을 받는 즉시, 자신이 하던 일을 멈춥니다. 그리고 단호한 결단을 보여줍니다. 조금도 주저하지 않고 지금, 곧바로, 부모님께로 가서 인사드리고 엘리야 선지자를 따르겠다고 말합니다(20절). 엘리야의 허락을 받고 부모에게 인사한 뒤에 엘리사는 행복한 결단의 잔치를 벌입니다. 본문 21절을 자세히 보십시오.

먼저 그는 소 한 겨리를 잡아 그 기구를 불살라 하나님께 제사를 드립니다. 본문에는 단지 '소를 잡았다'라는 말만 나옵니다만 이 말은 '자바흐'רבז라는 단어인데 구약의 희생제사를 가리키는 용어입니다. 즉, 엘리사는 자기를 불러서 쓰시겠다는 하나님께 감사의 예배를 드린 것입니다. 참으로 매력적인 신앙입니다.

그리고 온 힘과 성실을 다하여 사용하던 농기구를 불태웁니다. 아버지의 엄청난 재산도 평생을 잘 살 수 있게 해줄 축재의 수단도 자신이 열정과 성실로 쌓은 것도 결코 마음에 두지 않겠으며, 결코 되돌아가지 않겠다는 단호한 결심을 표명하는 행동입니다. 하나님의 부르심에 절대적으로 순종하고, 하나님께서 인도하시는 길로만 가고, 결코 뒤돌아오지 않겠다는 결연한 의지를 선포한 것입니다.

게다가 엘리사는 소를 잡은 고기를 동네 사람들에게 나누어 주어 배불리 먹게 했습니다. 이 행위는 엘리사가 해야 할 사역의 본질적 성격이 무엇인지를 예시한 것입니다. 여기 12겨리 소는 이스라엘 12지파를 암시합니다. 엘리사는 앞으로 이스라엘 12지파를 배불리 먹이는 사역을 하게 된다는 상징적 메시지입니다. 많은 신학자들도 이 해석에 동의하여, 엘리야가 '심판의 선지자'였다면 엘리사는 '은혜의 선지자'라고 말합니다.

부름 받은 엘리사는 더 이상 자신을 위해서 살지 않기로 합니다. 하나님의 양떼인 이스라엘 백성을 배불리 먹이는 섬김의 사역자로 헌신하는 것입니다. 그래서 과거와 과감히 단절하고 미래 헌신을 향해 매진하겠다고 결단을 내린 기쁨의 잔치를 벌인 것입니다.

엘리사는 하나님의 부르심에 흔쾌히 결단하고 순종하는 리더십의 사람이었습니다. 예수님께 쓰임 받은 제자들도 이런 모습을 보여줍니다. 베드로와 안드레를 위시한 첫 제자들은 갈릴리 호수에서 고기잡이를 하던 어부들이었습니다. 예수님의 부르심을 받자 그 즉시 자신들이 하던 일을 그만두고 따랐습니다. 마태는 세관에서 세금징수 업무를 하다가 예수님께서 부르자 그 즉시 결단하고 따랐습니다(마 4:21-22, 눅 5:27-29). 하던 일에 미련을 두고 미적거린 사람은 아무도 없습니다. 그런 사람은 오히려 하나님께서 숨아내십니다.

우리 교회에서도 최근에 훌륭한 결단을 내린 가정이 있습니다. 실력 있다고 인정받고 병원도 잘 경영하는 의사 가정입니다. 남부럽지 않은 부자로, 지역 유지로 잘 살 수 있음에도 불구하고 모든 것을 접고 가난과 질병의 땅 아이티로 선교하러 가겠다고 결단했습니다. 병원도 후배에게 넘기고 집도 팔았습니다. 모든 것을 정리했습니다. 하나님이 크게 쓰실 줄 믿습니다.

저는 근래 국가조찬기도회에 참여했습니다. 요즘이야말로 나라를 위해 합심기도가 더욱 필요해서 갔습니다. 그날 아침 우리나라의 대통령께서도 무릎 꿇고 기도하는 결단력 있는 리더십에 큰 감동을 받았습니다. 국가 원수가 수천 명이 운집해 있는 단상에서 무릎 꿇는다는 것은 정치적으로 미묘한 문제가 될 수 있습니다. 그런데 이 대통령 내외분은 과감하게 무릎 꿇고 기도하기로 결단한 것입니다. 하나님이 기뻐하시고 축복하실 줄 확신합니다.

우리 인생의 최고 행복은 세상적인 성공에 있지 않습니다. 출세, 번영, 입신양명, 높은 자리, 무병장수, 부귀영화가 행복의 척도가 아닙니다. 만일 우리의 성공이 하나님 보시기에 쓸모가 없는 것이라면 무슨 의미가 있습니까? 인생 최고의 행복은 하나님께 쓰임 받는 은총입니다. 하나님께서 쓰시고 싶은 사람이 되어야 합니다. 하나님께서 쓰시고 싶을 때 요긴하게 쓰임 받는 사람이 되어야 합니다. 행복의 본질은 거기에 있습니다. 하나님께서 귀하게 쓰시는 사람이 되시기 바랍니다.

2장

기적은 비전의 크기만큼 일어난다

열왕기하 2:1~14

¹여호와께서 회오리 바람으로 엘리야를 하늘로 올리고자 하실 때에 엘리야가 엘리사와 더불어 길갈에서 나가더니 ²엘리야가 엘리사에게 이르되 청하건대 너는 여기 머물라 여호와께서 나를 벧엘로 보내시느니라 하니 엘리사가 이르되 여호와께서 살아 계심과 당신의 영혼이 살아 있음을 두고 맹세하노니 내가 당신을 떠나지 아니하겠나이다 하는지라 이에 두 사람이 벧엘로 내려가니 ³벧엘에 있는 선지자의 제자들이 엘리사에게 나아와 그에게 이르되 여호와께서 오늘 당신의 선생을 당신의 머리 위로 데려 가실 줄을 아시나이까 하니 이르되 나도 또한 아노니 너희는 잠잠하라 하니라 ⁴엘리야가 그에게 이르되 엘리사야 청하건대 너는 여기 머물라 여호와께서 나를 여리고로 보내시느니라 엘리사가 이르되 여호와께서 살아 계심과 당신의 영혼이 살아 있음을 두고 맹세하노니 내가 당신을 떠나지 아니하겠나이다 하니라 그들이 여리고에 이르매 ⁵여리고에 있는 선지자의 제자들이 엘리사에게 나아와 이르되 여호와께서 오늘 당신의 선생을 당신의 머리 위로 데려가실 줄을 아시나이까 하니 엘리사가 이르되 나도 아노니 너희는 잠잠하라 ⁶엘리야가 또 엘리사에게 이르되 청하건대 너는 여기 머물라 여호와께서 나를 요단으로 보내시느니라 하니 그가 이르되 여호와께서 살아 계심과 당신의 영혼이 살아 있음을 두고 맹세하노니 내가 당신을

떠나지 아니하겠나이다 하는지라 이에 두 사람이 가니라 [7]선지자의 제자 오십 명이 가서 멀리 서서 바라보매 그 두 사람이 요단 가에 서 있더니 [8]엘리야가 겉옷을 가지고 말아 물을 치매 물이 이리 저리 갈라지고 두 사람이 마른 땅 위로 건너더라 [9]건너매 엘리야가 엘리사에게 이르되 나를 네게서 데려감을 당하기 전에 내가 네게 어떻게 할지를 구하라 엘리사가 이르되 당신의 성령이 하시는 역사가 갑절이나 내게 있게 하소서 하는지라 [10]이르되 네가 어려운 일을 구하는도다 그러나 나를 네게서 데려가시는 것을 네가 보면 그 일이 네게 이루어지려니와 그렇지 아니하면 이루어지지 아니하리라 하고 [11]두 사람이 길을 가며 말하더니 불수레와 불말들이 두 사람을 갈라놓고 엘리야가 회오리 바람으로 하늘로 올라가더라 [12]엘리사가 보고 소리 지르되 내 아버지여 내 아버지여 이스라엘의 병거와 그 마병이여 하더니 다시 보이지 아니하는지라 이에 엘리사가 자기의 옷을 잡아 둘로 찢고 [13]엘리야의 몸에서 떨어진 겉옷을 주워 가지고 돌아와 요단 언덕에 서서 [14]엘리야의 몸에서 떨어진 그의 겉옷을 가지고 물을 치며 이르되 엘리야의 하나님 여호와는 어디 계시니이까 하고 그도 물을 치매 물이 이리 저리 갈라지고 엘리사가 건너니라

Elishah

현대 개신교 선교의 시조이며 많은 선교사들에게 생생한 귀감이 된 윌리엄 캐리William Carey, 1761-1834는 매력적인 좌우명을 남겼습니다.

> "하나님으로부터 큰일을 기대하라.
> 하나님을 위해 큰일을 시도하라.
> Expect the great things f God. Exercise the great things foGod."

얼마나 역동적입니까? 윌리엄 캐리 선교사의 이 좌우명으로부터 하나님께서 큰일에 귀하게 쓰신 사람의 중요한 특징을 찾을 수 있습니다. 위대하게 쓰임 받은 사람들은,

> 인물이 다른 것이 아니라, 신앙이 다르다.
> 활동이 다른 것이 아니라, 기도가 다르다.
> 업적이 다른 것이 아니라, 비전이 다르다.

사람이 달라서 남다르게 쓰임 받은 것이 아니라 그 내면에 남다른 것을 간직하고 있었기에 남다르게 쓰임 받은 것입니다. 하나님은 우리를 특별한 존재로 만들기 원하셔서, 우리에게 '믿음'을 선물로 주셨습니다. 그리고 기도하게 만드십니다. 비전을 품게 만드십니다. 그 다음에 하나님께서 쓰십니다.

제 목회관도 역동적인 비전을 만났기에 역동적으로 바뀔 수 있

었습니다. 캐나다에 유학을 갔을 때 오스왈드 스미스 목사를 만났습니다. 오스왈드 스미스 목사는 20세기의 가장 유명한 부흥사인 빌리 그래함 목사조차 한 세대에 한 명 정도 밖에 없을 정도로 은사가 많고 귀하게 쓰임 받은 사람이라고 극찬한 사역자입니다.

> "나는 온 세계를 돌아다닐 수는 없으나,
> 온 세계를 선교하는 목회자는 될 수 있다."

이 얼마나 역동적인 비전입니까? 이 비전을 실현하기 위한 성실한 열정이 스미스 목사로 하여금 전 세계를 선교하는 위대한 사역을 감당하게 한 것입니다. 하나님께서 쓰시는 사람은 이처럼 비전을 품습니다. 그리고 하나님께서 쓰시기 때문에 그 비전의 크기에 상응하는 기적이 일어납니다.

복음서에는 예수님께서 사람을 평가하신 세 범주가 있습니다. 따라서 하나님 보시기에 세 종류의 사람이 있다고 볼 수 있습니다.

첫째, 믿음이 없는 자들(마 17:17).
둘째, 믿음이 적은 자들(마 17:20).
셋째, 믿음이 큰 자들(마 15:28, 8:10).

예수님은 마지막 부류의 사람들을 즐겁게 칭찬하십니다. 그리고 놀랍게도 '네 믿음대로 될지어다'라고 축복하십니다. 얼마나 단순한 원리입니까? 믿음의 크기가 비전의 크기인 동시에, 축복의 크기입니다. 성취능력이나 조건과는 아무 상관이 없습니다. 믿음의 크기만큼 되는 것입니다.

엘리사는 이 비밀을 안 사람입니다. 당시에 선지동산에서는 200여 명이 선지자 훈련을 받고 있었습니다. 그 가운데 가장 크게 쓰임 받은 사람은 엘리사였습니다. 엘리사는 그 어떤 누구보다도, 심지어 스승 엘리야보다도 비전과 믿음이 큰 자였습니다. 남다른 비전과 믿음의 소유자였기에 하나님은 엘리사를 통해 남다른 놀라운 기적을 많이 일으켰습니다.

동일한 하나님을 믿으면서 조그마한 기적이나마 감지덕지한다는 것이 얼마나 부끄러운 수준인지 깨달아야 합니다. 보잘 것 없는 비전과 믿음 밖에 없으면서 기적 같은 일이 벌어지기를 막연하게 소망한다면 하나님께서 쓰시기에 적당하지 않은 사람임을 알아야 합니다. 세상을 향해 놀라운 기적을 일으켜야 합니다. 하나님의 위대한 일에 동참할 수 있어야 합니다. 하나님께서 오랫동안 요긴하게 쓰실 만큼 커다란 믿음과, 원대한 비전을 키워야 합니다. 그렇다면 우리는 어떻게 해야 기적을 일으키며 사는 신앙생활을 할 수 있을까요?

지식 플러스 믿음

엘리사의 스승 엘리야 선지자는 자신의 사명을 다 마치고 죽음을 앞두고 있었습니다. 자신의 사명이 끝나고 곧 하나님께로 부름 받을 것임을 하나님께서 모종의 신호로 알려 주셨던 것 같습니다. 그래서 엘리야는 자신이 운영하던 세 곳의 신학교를 마지막으로 순회하는 계획을 추진했습니다. 길갈 신학교, 벧엘 신학교, 여리고 신학교를 순차적으로 방문하며 학생들을 축복해주었습니다.

이때 제자 엘리사는 스승 엘리야를 줄기차게 따라 붙었습니다. 단지 스승으로부터 재주와 기량을 배울 뿐만 아니라, 스승의 영성과 리더십을 잇고 스승보다 더 큰 사역을 하려는 열망을 품었기 때문입니다. 엘리야처럼 사역하는 것이 아니라, 하나님께서 엘리야를 쓰신 것처럼 쓰임 받기를 갈망하였기 때문입니다. 그때 엘리야는 의도적으로 엘리사를 시험합니다. 자기를 따라오지 말라고 합니다. 게다가 엘리사와 동문수학하던 학생들도 스승 엘리야가 곧 승천할 것 같은데, 엘리사 너도 알고 있느냐고 물었습니다. 엘리사는 나도 알고 있으니, 조용히 하라고 대답합니다.

여기서 우리가 먼저 잠시 생각해보아야 할 원리가 있습니다. 다른 제자들과 엘리사 모두 엘리야가 곧 죽을 것이라는 사실을 알았습니다. 저들에게 스승의 죽임이 임박했다는 사실은 단지 '뉴스'에 불과했습니다. 엘리사는 엘리야의 영성과 믿음의 본질을 자기 것으로 만들 시간이 얼마 남지 않았음을, 따라서 지금은 몹시 절박한 시간이라는 깨달음의 계기가 되었습니다. 비전과 열정이 이 차이를 만듭니다. 스승의 죽음이 임박하였다는 사실을 엘리사의 친구들은 얄팍한 지식으로 아는 셈입니다. 그 죽음에 대해 많은 말을 할 수가 있지만 열매가 없습니다. 반대로 엘리사는 입을 다물고 기도하며 자신이 무엇을 해야 할지 하나님께 묻고, 하나님께서 깨우쳐주시기를 기다립니다.

20세기의 훌륭한 조직신학자 루이스 벌코프L. Berkhof는 다른 정통주의 신학자들과 마찬가지로 지식, 동의, 확신, 이 세 가지가 참된 신앙의 중요한 구성요소라고 지적하였습니다. 이 세 요소는 항상 균형이 잘 맞아야 합니다. 그런데 인간은 이 근본요소들을 잘 갖추더라도 본성적으로, 심리적으로 항상 어느 쪽으로든 치우칩니다. 배움이 부족하고 미숙한 학생일수록 초보적인 것에서 잘못을 범하지만 잘 배울수록 균형 감각이 발달하고 적절한 때에, 적절한 행동을 취합니다. 세 단계의 발전단계가 있다고 구분할 수 있습니다. 첫째, 지식위주의 단계. 지식 즉, '안다'는 사실 그 자체로 만족하고 거기에만 머물러 있는 것입니다. 둘째, 감정위주의 단계. 자기가 획득한 지식의 의미를 알기는 압니다. 그래서 흥분하기도 하고 놀라기도 합니다. 이리 뛰고 저리 뛰지만 의미 있는 행동은 없습니다. 마지막으로 셋째, 의지적 단계입니다. 즉, 결단을 내리고 의미 있는 행동을 취하는 단계입니다. 행동 지향적 단계라고도 말할 수 있습니다. 우리의 신앙단계도 이 세 단계를 거친다고 말할 수 있습니다. 지식위주의 신앙단계, 감정위주의 신앙단계, 행동 지향적(의지적) 단계로 말입니다.

본문을 자세히 관찰해 보면 엘리사와 함께 공부했던 50여 명의 신학생들은 지식위주, 감정위주의 상태에 머물렀던 것 같습니다. 그들은 알았고, 흥분했고, 떠들었지만 그 스승의 뒤를 잇는 의미 있는 행동을 하지는 못했습니다.

그런데 엘리사는 엘리야를 끈질기게 따라 붙었습니다. 엘리야의 마지막 순간까지 따라 붙기로 마음먹고 그렇게 행동하였습니다. 이 점이 다른 학생들과 남다른 점입니다. 엘리사의 신앙은 단지 아는 것과 무엇이 옳다는 것에서 머물지 않았습니다. 그 지식은 믿음에 깊이 뿌리박고 있었습니다. 그의 지식과 믿음은 한 덩어리였습니다. 그 때문에 엘리사의 지식은 살아 있는 지식이 되었고, 실천적 결단을 통해 역사하는 지식이 되었습니다. 위대한 스승의 죽음이 임박한 때에, 엘리야의 위대한 사역을 마무리하는 엄중한 때에 끈질기게 스승을 따라다닐 뿐만 아니라 영성과 리더십을 전수해달라고 떼를 썼습니다. 매달렸습니다. 실천적 믿음을 가진 자였습니다. 그래서 끈질기게 스승 엘리야를 따라다니며 그의 영성과 리더십을 전수해달라고 했던 것입니다. 이것이 엘리사의 남다른 믿음 즉, '지식 플러스 믿음'입니다.

엘리사의 의중을 알아차린 엘리야는 의도적으로 엘리사를 계속 시험합니다.

"이제는 그만 따라오라."

　엘리야는 제자에게 "요단강을 건너오지마라"라고 말하고 제자는 스승을 따라서 "건너가겠다"고 고집합니다. 엘리사는 결코 물러서지 않습니다. 더 바짝 따라 붙습니다. 얼마나 적극적입니까? 이 적극성 속에 숨어 있는 '비전'의 크기를 느껴보십시오. 그 비전이 얼마나 크면 이렇게 끝까지 따라붙겠습니까? 오늘날 우리도 이 정도까지 적극적이어야 합니다. 그런데 오늘날 우리는 이렇게 적극적인 자세, 적극적인 신앙생활을 하지 않습니다. 비전이 아주 작으니 적극적일 필요가 없는 것입니다. 작은 비전으로 만족해서 소극적인 신앙생활을 벗어나지 못하는 것은 결코 자족이 아닙니다. 결코 겸손이 아닙니다. 단지 무기력일 뿐입니다. 우리가 믿음으로 살고, 하나님을 영화롭게 하려고 할 때 거의 틀림없이 시험이 옵니다. 중단하는 것이 편하고 좋다고 느끼는 순간이 옵니다. 바로 그런 때 승리하고 더 높은 단계로 나아가기 위해 실천적인 믿음의 결단이 있어야 합니다. 결코 멈추지 않고 끝까지 나아가야 합니다.
　엘리사는 매우 단호하게 선언합니다.

"나는 결코 당신을 떠나지 않겠습니다."

　이 진술은 마치 어린아이가 엄마와 떨어지기 싫어서 엄마 치맛

자락을 꼭 붙잡고 떼를 쓰는 것과 같은 집요함을 연상시킵니다. 선지자가 훌륭한 믿음과 영성을 가졌다고 훌륭한 사역자가 되는 것은 아닙니다. 하나님을 집요하게 붙잡아야 합니다. 하나님의 백성들을 집요하게 붙잡아야 합니다. 오지 말라고 화를 내도 따라붙어야 합니다. 심지어 하나님은 우리의 강청하는 기도를 좋아하시고, 강청하는 기도를 응답하신다는 말이 있습니다(눅 11:8). 하나님의 은혜와 축복은 막연한 선망으로 충분한 대상이 아닙니다. 간절하게 사모하고 집요하게 매달려야 하는 대상입니다. 이처럼 우리가 '지식 플러스 믿음'으로 살아갈 때 하나님께서 요긴하게 쓰시는 기적 인생을 살아가게 됩니다. 제자 엘리사가 스승 엘리야처럼 요단강을 갈라지게 했듯이 우리도 놀라운 기적을 일으킬 수 있습니다. 하나님은 우리의 믿음을 따라 역사해주십니다.

"네 믿음대로 될지어다"

비전 플러스 성령

　스승 엘리야는 제자 엘리사의 적극적인 믿음을 확인하고는 소원이 무엇인지 물었습니다. 기회를 놓칠 새라 그는 과감하게 요청합니다.

"당신의 성령이 하시는 역사가 갑절이나 내게 있게 하소서"⁽⁹절⁾

'갑절'을 달라는 이 요청이 어떤 의미가 있는지를 살펴봅시다. 구약성경에는 장자에는 두 배로 상속해주라는 규정이 있습니다(신 21:17). 그렇다면 엘리사는 엘리야에게 장자권의 축복을 요청한 셈입니다. 자기를 실질적인 후계자로 지명해달라는 요구입니다. 아니, 그 이상입니다. 엘리사는 자기 친구들보다 두 배가 아니라 스승보다 두 배의 능력을 달라고 요구한 것입니다. 스승보다 두 배로 위대하게 살겠다는 욕심일 수 있습니다. 스승 입장에서 얼마든지 뻔뻔하고 괘씸하게 생각할 수 있는 요구입니다. 그리고 무엇보다도 엘리야도 감당하기 힘든 어려운 일입니다. 그래서 엘리야는 "네가 어려운 일을 구하는도다"(10절)라고 말합니다. 엘리야가 자기에게 있는 것 전부가 아니라 그 두 배를 어떻게 줄 수 있겠습니까? 그런데 엘리사는 엘리야에게 그러한 '갑절'을 요구하였고, 엘리야는 긍정적으로 응답합니다.

하나님은 이런 기도를 좋아하십니다. 하나님이 오히려 우리에게 간곡히 부탁하십니다.

"네 입을 넓게 열라. 내가 채우리라"⁽시 81:10⁾

우리에게도 이런 거룩한 야성이 있기를 바랍니다. 하나님은 비전의 기도를 좋아하십니다. 단순히 세상적인 야심, 야망이 아니라 '비전 플러스 성령'을 구하고 하나님의 영광을 추구하는 기도를 하십시오. 신자는 성령 받는 만큼 삶의 수준이 달라집니다. 자신의 한계를 뛰어 넘어 하나님의 능력으로 사는 자가 되기 때문입니다.

예수님의 제자들도 우리와 다름없는 평범한 사람이었으나, 성령의 능력을 받으므로 비범한 인생을 사는 사람들이 되었습니다. 성령의 능력을 발휘하며 경이로운 열매를 맺는 탁월한 삶을 살았습니다. 놀라운 기적도 일으켰습니다. 오늘날 우리도 성령 받는 만큼 큰일을 합니다.

엘리사는 엘리야가 대답한 대로 엘리야가 승천하는 순간까지 따라붙었다가 스승 엘리야보다 두 배의 성령을 받았습니다. 스승의 뒤를 잇는 그 순간부터 스승보다 두 배로 탁월한 사역자로 약속받고 보증을 받은 것입니다. 정말 재미있게도, 성경은 엘리사가 일으킨 16가지 기적을 기록합니다. 엘리야보다 두 배입니다. 우리의 꿈과 비전 위에 성령의 능력이 임하는 만큼 놀라운 기적이 일어납니다. 그래서 역대상 16장 11절에서 "여호와와 그 능력을 구하라"라고 명령합니다.

우리는 '구하라'라는 명령을 받았습니다. 이 시대가 하나님의 특별한 역사가 필요한 때라고 느낀다면, 우리는 구해야 합니다. 성령의 능력을 구하고 받아야 합니다. 성령의 도우심을 힘입는 만큼 하나님께서 쓰시기에 합당한 자가 되고, 하나님의 큰일을 성공적으로 수행할 수 있습니다. 성령의 능력을 받는 만큼 자신의 한계를 뛰어넘는 실력을 발휘할 수 있습니다.

사도 바울이 성령 받기 전까지는 진리를 거슬러 핍박하고 잔해하는 자였습니다. 더구나 그의 활동무대는 예루살렘을 중심으로 하였을 뿐이었습니다. 그러나 성령의 능력을 받은 후에는 소아시아, 유럽, 그리고 세계의 중심도시 로마와 그 당시 세계의 끝자락이었던 스페인까지 가슴에 품고 종횡무진 선교하는 비전인생, 기적인생을 살았습니다.

예수님의 제자들도 성령 받기 전까지는 고향을 벗어나지 못하였습니다. 예루살렘 성에 두려움에 떨며 웅크리고 숨어 있었을 뿐이었습니다. 그러나 성령 받은 후에는 동서남북으로 거침없이 퍼져나갔습니다. 우리도 '비전 플러스 성령'을 받아야 합니다. 성령의 기름 부으심이 없는 비전은 초라한 꿈으로 끝나고 맙니다. 성령의 능력을 받는 만큼 '플러스 알파'의 기적이 따라옵니다.

저는 어느날 산책하다가 문득 깨달았습니다. 우리 크리스천들은 여러 분야에 전문가가 많이 있습니다. 비즈니스 전문가, 영업 전문가, 부동산 전문가, 경매 전문가, 개발 전문가, 의료 전문가, 교육 전문가, 과학 전문가, 특히 금융 전문가, 주식 전눈가들이 있습니다. 그런데 항상 100% 완벽하게 성공합니까? 언제나 대박을 터뜨립니까? 그 어느 누구보다도 탁월한 실력을 갖추었음에도 불구하고 오히려 엄청난 손실을 초래할 때가 있습니다. 전문가임에도 불구하고 뜻밖의 판단 미수나 시행착오로 크게 손해보는 경우가 있습니다. 그래서 저는 이렇게 결론을 내렸습니다.

"이 세상에 전능자는 하나님 한 분 뿐이시다.
하나님 외에는 누구도 완전할 수 없다.
그러므로 우리는 성령의 능력을 받아야 한다.
특히, 전문성 위에 성령의 능력이 임해야 한다."

우리나라 선교초기에 언더우드와 협력관계를 맺고 평양대부흥운동을 이끌었던 캐나다 의료선교사 하디R. A. Hardie는 이렇게 호소합니다.

"아무리 높은 이상도 영적인 힘이 없다면 수행하기 어렵다. 기억하라. 이러한 영적인 힘은 지속적인 기도로만 얻어질 수 있다는 점을 높은 이상과 웅대한 비전도 영적인 힘이 없다면 성취되기에 미흡하다. 그러므로 우리는 날마다 성령의 능력을 구해야 하고, 반드시 그 능력을 받아야 한다."

우리는 지식 플러스 믿음을 가져야 합니다. 우리의 비전 플러스 성령을 받아야 합니다. 특히, 우리의 전문성 위에 성령을 받아야 합니다. 그러면 엘리사처럼 기적 인생을 살게 될 것입니다.

3장

근본치유를 받으라

열왕기하 2:19~22

[19] 그 성읍 사람들이 엘리사에게 말하되 우리 주인께서 보시는 바와 같이 이 성읍의 위치는 좋으나 물이 나쁘므로 토산이 익지 못하고 떨어지나이다 [20] 엘리사가 이르되 새 그릇에 소금을 담아 내게로 가져오라 하매 곧 가져온지라 [21] 엘리사가 물 근원으로 나아가서 소금을 그 가운데에 던지며 이르되 여호와의 말씀이 내가 이 물을 고쳤으니 이로부터 다시는 죽음이나 열매 맺지 못함이 없을지니라 하셨느니라 하니 [22] 그 물이 엘리사의 말과 같이 고쳐져서 오늘날에 이르렀더라

Elishah

20세기로부터 지금까지 변함없이 세계의 중대한 화두 가운데 하나는 '변화'임에 틀림없습니다. 경영학의 아버지 피터 드러커는 '혁신' renovation이라는 말로 변화의 중요성을 강조하는 저술을 여럿 남겼습니다. 개인, 기업, 그리고 사회에서도 예전과 동일한 제도와 관행을 유지한 채 문제에 직면할 때마다 임시변통으로 그럭저럭 넘기는 방식을 벗어나야 한다는 것입니다. '얼마나 새롭게 될 수 있느냐,' '달라 질 수 있느냐,' '필요하다면 지속적으로 자기를 변혁시킬 능력을 가지고 있느냐,' '얼마나 근본적으로 갱신되느냐'에 생존여부가 결정된다고 본 것입니다. 그래서 기업조차도 이익이 아니라 '혁신적 변화' transformational change, 또는 '근본적 변화' radical change의 필요성을 외칩니다.

저는 얼마 전 아마존 닷컴에서 베스트셀러가 된 책을 구해 읽고 많은 도전을 받았습니다. 미국 앨라배마 주 버밍햄에서 목회하는 데이빗 플랫David Platt이라는 평범한 목사가 쓴 『래디컬 Radical』이라는 책입니다.

데이빗 플랫은 이 책을 통해 '당신은 예수를 믿으므로 과연 얼마나 근본적으로 달라진 삶을 살고 있느냐?'라고 도전합니다. 플랫은 기독교 신앙의 본령은 근본적 치유 혹은 근본적 변화라고 부르는 것에 있다고 주목한 것입니다.

지금으로부터 1세기 전쯤에, 영국 케임브리지 대학에서 종교학 과목의 중요한 시험을 치르고 있었습니다. 그날의 시험 문제는 물을 포도주로 바꾼 예수 그리스도의 기적에 담긴 종교적이고 영적인 의미를 서술하라는 것이었습니다. 학생들은 바짝 긴장을 한 채 자신이 이해한 내용을 논리적으로 서술해 내려가고 있었습니다. 그런데 어느 한 학생은 두 시간이 넘도록 우두커니 앉아 있기만 했습니다. 주어진 시간이 거의 끝나갈 때까지도 그 학생은 펜을 들지 않았습니다. 시험 감독관이 보다 못해 그 학생에게 다가가서 답안지를 걷을 시간이 거의 다 되었으니 뭐라도 얼른 쓰라고 재촉하였습니다. 시험시간이 끝나기 직전, 학생은 마침내 펜을 들어 답안지에 한 줄의 문장을 쓰고 나갔습니다.

"물이 그 주인을 만나니 얼굴이 붉어졌도다."

이 한 줄로 그 날 시험에서 최고의 점수를 받은 그 학생은 영국 낭만주의를 대표하는 시인이 된 바이런 George Gordon Byron, 1788-1824 입니다.

바이런이 아름다운 한 소절에 담은 성경의 기본진리는 무엇입니까? 예수님은 인생을 근본적으로 치유하시고 변화시켜 주신다는 진리입니다. 예수님은 평범한 맹물을 값진 포도주로, 본질적으로 변화시켜주십니다. 마라의 쓴 물을 엘림의 생수로, 죽음의 샘을 생명의 샘으로 바꾼, 근본의 치유자이십니다. 예수님이 임하시면 어두운 세상도 참 빛의 광명천지로 바뀝니다. 예수님의 구원 은혜는 인간의 근본을 치유해주고, 인간의 가치를 근본적으로 바꿔주는 은혜입니다. 여기에 기독교의 핵심진리가 있습니다. 인생의 근본이 어떻게 치유되었고 어떻게 바뀌었는지를 보면 예수님을 과연 제대로 만났는지 아닌지를 알 수 있습니다. 단지 습관이나 생활양식이 달라진 정도가 아니라, 속사람, 내면이 본질적으로, 근본적으로 변화되어 마치 정말로 새로 태어난 것처럼 과거의 아픔과 상처, 죄책감, 죄의식의 눌림과 억압에서 해방된, 자유로운 사람으로 살아갑니다. 창조주를 직접 만났고, 창조주의 은혜와 능력에 의해 새로운 존재로 바뀌는 근본적 변화를 경험하였기 때문입니다.

모든 사람은 창조주로부터 치유 받아 근본적 변화를 겪어야 합니다. 가장 박식하고 현명한 피조물이 제시하는 환경개선, 제도개혁, 방법전환, 조직혁신, 시스템변화를 본질적으로 무한히 뛰어넘는, '래디컬 체인지' 즉, 근본적인 변화를 필요로 합니다.

헨리 데이비드 소로우Henry David Thoreau, 1817-1862는 19세기 미국의 콩코드 인근의 월든 호숫가에 작은 오두막에서 순수 농사를 지으며 숲과 동식물과 호수의 생태관찰을 하면서 평생을 살았습니다. 그 기록을 『월든Walden』이라는 고전적인 생태문학서로 남겨, 19세기를 21세기적 의식으로 산 위대한 사상가라는 평을 받기도 합니다. 소로우는 "나쁜 잎을 천 번 자르는 것보다 뿌리를 한 번 쳐내는 것이 낫다"라고 말하였습니다. 천 번의 피상적 처방보다는 단 한 번의 근본 치유가 본질적으로 중요하다는 강력한 주장입니다. 병을 제대로 치료하려면 병환의 근본을 고쳐야 합니다.

예전에는 한방치료를 많이 받았습니다. 몸에 '종기'가 생기면 고름만 짜내거나 상처부위만 치료하면 결코 낫지 않았습니다. 곪은 상처의 뿌리까지 뽑아내야 하는데 힘껏 짠다고 나오는 것이 아닙니다. 그때 가장 보편적인 방법이 '고약'을 사용하는 것이었습니다. 고약이라는 것을 며칠 상처부위에 덮듯이 붙였다가 떼면 고름과 함께 종기의 뿌리가 뽑혔습니다. 피부에 구멍이 뻥 뚫릴 정도로 근본치료가 되었습니다. 이 원리를 영적으로 깨닫고 적용하라는 것이 성경본문이 우리에게 선포하는 메시지입니다.

엘리사는 엘리야의 뒤를 잇는 예언사역을 시작하면서 먼저, 여리고 신학교를 방문했습니다. 그랬더니 학생들이 교장 엘리사에게 여리고 성읍의 근본적인 문제점을 보고합니다. 성읍의 지정학적 위치는 좋으나 물이 나빠서 농사가 안 된다는 것입니다. 그러나 역사적으로 볼 때 여리고는 저주받은 땅입니다(수 6:26). 열왕기상 16장 34절에 보면 저주받은 여리고성을 재건하려고 했던 히엘이라는 사람은 저주가 그대로 이루어져 맏아들과 막내아들을 동시에 잃었습니다. 하나님의 저주가 계속 흐르고 있었기 때문입니다.

여리고 인근의 수질이 나빠서가 아니라 저주받았기 때문에 쓴물 곧, 죽은 물이 나오는 땅이 된 것입니다. 본문 19절에서도 여리고성의 심각한 저주 상태를 그대로 보여줍니다. 물이 얼마나 나빴던지 과일나무의 열매가 익지 못했습니다. 가축들도 조산했고 특히, 여성들이 불임이 되거나 유산하는 경우가 많았습니다. 물이 좋지 않은 탓에 사람들이 일찍 죽었습니다.

이런 심각한 상황을 엘리사는 하나님의 능력으로 치유합니다. 본문은 새 그릇에 소금을 담아오라고 해서 물의 근원에 뿌렸다는 점과 '하나님께서 물의 근원을 고쳐주셨다'는 점을 우리에게 강조적으로 나타냅니다. 그것이 하나님의 은혜의 본질이며 복음의 핵심이기 때문입니다.

"그 물이 엘리사가 한 말과 같이 고쳐져서 오늘에 이르렀더라" (왕하 2:22)

이 말씀에서 '오늘'은 엘리사 선지자가 죽은 지 대략 300년이 지난 뒤에 열왕기하를 기록하던 때입니다. 근본적 치유가 일어난 뒤에, 재앙과 저주의 근본을 바로잡은 뒤에는 그 좋은 상태에 변함이 없었습니다. 다시, 나빠지지 않았습니다.

여리고는 인류 역사상, 지금까지 발견된 도시 중에서도 가장 오래된 도시의 하나입니다. 여리고라는 이름은 '달의 성읍' 또는 '종려나무의 성읍'이라는 뜻입니다(신 34:3, 삿 3:13). '종려나무'는 승리와 번영, 영존하는 승리를 상징합니다. 그러니 여리고는 영원토록 승리와 번영을 구가하는 성읍이라는 의미였습니다만 가나안 정복시대로부터 엘리사가 활동하던 시기까지 저주받은 성읍이었고, 죽음과 절망의 성읍이었습니다.

여리고 성의 현재 공식명칭은 '엘리하' Er Riha입니다. 여리고는 해수면보다 390m나 낮아 세계에서 가장 낮은 도시입니다. 여름에는 매우 덥지만, 겨울에는 아주 온화하고 따뜻해서 부호들의 겨울별장이 많은 유명한 휴양도시입니다. '술탄의 샘' 혹은 '엘리사의 샘'이라고 부르는 팔레스타인 지역 최대의 오아시스로 인해 비옥한 평원과 종려나무가 우거진 수목단지를 자랑하고 있습니다. 그래서 지금도 '종려나무의 도시'라고 부릅니다. 교통의 요충지에 위치하고 있어서 언제나 무역이 발달하고 경제가 풍요로웠습니다. 예수님 시대에도 아주 부유한 금융도시를 이루었습니다. 여기서 삭개오가 부자가 된 것입니다.

저주받은 성읍이 엘리사를 통해, 하나님의 특별한 은혜로, 물의 근원을 치유 받은 이후 지금까지도 종려나무가 무성하게 자라는 비옥한 땅, 한결같이 번영하는 지역이 되었습니다.

우리 하나님은 치유하시는 분입니다. 마라의 쓴물을 엘림의 단물로 고쳐주시고, 여리고 성의 죽음의 물을 축복의 생명수로 바꿔주신 것처럼 우리 인생의 근본을 고쳐주십니다. 완벽하게 바로 잡아주십니다. 이처럼 하나님께서 근본을 치유해주시면 영원한 행복의 지평이 열립니다. 저주받은 여리고가 번영하는 옥토로 바뀌듯이 재앙이 축복으로 바뀝니다. 죽음의 기운은 물러가고 생명의 기운이 왕성해집니다. 가난이 부요로, 고난이 영광으로, 실패가 승리로 바뀝니다.

본문을 보면 엘리사는 모세 못지않게 멋지게 사역합니다. 아픔과 상처 속에 살고 있는 이스라엘 백성들의 불행을 근본적으로 치유하시는 하나님과 하나님의 능력을 확증해줍니다. 본문에서 여리고는 저주받은, 즉 죄의 삯인 사망을 거둬들일 수밖에 없는 상태를 가리킵니다. 인간의 능력도, 자연치유력도 소용이 없습니다. 그 근본에 저주와 사망이 있기 때문입니다. 오직 하나님의 사랑과 긍휼만이 근본적으로 치유하여 생명과 축복으로 바꿔줄 수 있습니다. 오직 하나님께만 소망이 있습니다.

그러면 우리가 어떻게 해야 근본적인 치유를 받을 수 있을까요? '새 그릇, 소금, 고침' 이 세 단어에 집중해야 합니다. 성경은 자주 상징적 표현과 은유를 통해 영적인 의미를 전달합니다. 모세는 한 나뭇가지를 사용하여 마라의 쓴물을 엘림의 생수로 바꾸는 기적을 일으켰습니다. 또 이스라엘 민족이 하나님을 향해 불평하고 불순종하여 광야에서 불뱀에게 물려 죽게 되었을 때 높은 장대 위에 구리 뱀을 만들어 세워놓고 그것을 바라보는 자는 다 고침을 받는 기적을 체험시켜 주었습니다. 예수 그리스도의 십자가 은혜로 치유 받을 수 있다는 상징적 메시지입니다.

엘리사는 여리고의 저주 받은 물을 치유하기 위해 '새 그릇에 담아온 소금'을 수원지에 뿌렸습니다. 소금은 깨끗이 씻어 내는 기능이 있습니다. 소금은 내장 속까지 깨끗하게 합니다. 비린내 나는 민물고기나 생선의 비늘, 소나 돼지의 곱창이나 천엽도 소금으로 깨끗이 씻어냅니다. 병원에서도 염분이 9%밖에 되지 않는 식염수를 세척제로 활용합니다. 따라서 소금을 뿌려서 고친다는 것은 곧 우리의 속사람이 성령으로 치유 받는다는 의미입니다. 성령님만이 인간의 내면세계를 근본적으로 치유해주십니다. 인간의 내면 깊숙한 곳에 숨어 있는 근본적인 문제점을 치유하는 것이 성령님의 사역입니다. 인간의 실존에서 병든 몸의 치유 이상으로 훨씬 중요하고 어려운 것이 멍든 가슴, 상처 받은 마음을 치유하는 문제입니다. 내면의 고질병을 치유하지 않고 내버려둔 채 건강한 인생은 없습니다. 저주받은 본성을 그냥 둔 채 행복한 인생을 살 수 없습니다.

성령님은 단지 '영'이 아닙니다. 성령님은 '하나님'이십니다. 우리의 속사람, 내면세계를 어루만져 주시고, 속사람의 울분이나 앙금까지도 깨끗이 낫게 하시는 무한하고 전능한 사랑의 치유자이십니다. 성령님은 우리 자신도 깨닫지 못하는 쓴 뿌리나 억눌린 감정과 같은 깊은 상처를 근본적으로 바로잡아줄 수 있는 유일한 분입니다. 성령 하나님은 심령의 병까지도 이기게 하십니다. 우리의 속사람을 새롭게 빚어주십니다, 때로는 가슴 아픈 일들로 상하고 찢긴 성품과 인격을 근본적으로 낫게 하십니다. 성령 하나님은 우리 속에 왕진 오셨다가 떠나시는 분이 아닙니다. 일단 오신 뒤에는 영원히 우리 안에, 우리와 함께 머물러 계십니다. 성령님은 내주內住하시는 하나님이십니다. 우리는 얼마나 위대한 행복자입니까?

신자는 영혼의 의사, 전지전능한 상담자요 치료자인 하나님과 더불어 살면서 성령의 능력으로부터 날마다 새롭게 충만한 능력을 부여받으며 역동적으로 살도록 근본적으로 바뀐 인생을 삽니다. 이 축복된 진리를 명확하게 가르쳐주는 신약의 본문이 요한복음 7장입니다. 예수 그리스도를 구세주로 영접한 사람에게는 성령님이 생수의 강처럼 흘러넘치는 삶을 살게 하십니다. 기쁨이 넘치게 하십니다. 활력이 넘치게 하십니다. 생기가 넘치게 하고, 행복이 넘치게 하십니다(38, 39절). 성령님의 이 활동을 '영혼치유'라고 부를 수 있습니다. 그동안 우리를 억눌렀던 죄의식과 죄책감, 패배의식, 열등감, 상한 감정과 같은 마음의 쓴 뿌리를 치유해 주시는 것입니다. 쓰라린 인생이 아닌 달콤한 인생을 살도록 우리의 근본을 고쳐주십니다.

저주 받은 여리고가 축복의 땅으로 바뀌어 종려나무가 번성하는 황금농장이 되었듯이 우리의 삶에도 놀라운 치유은총과 더 나은 축복이라는 기적은 오늘도 가능합니다. 영원히 변치 않는 하나님은 우리의 하나님이라는 사실 때문에 변함없는 진실입니다.

영혼이 잘됨 같이 범사가 잘되고, 강건해지는 치유역사가 일어나기를 소망합니다.

경외심을 회복하라

열왕기하 2:23~25

²³엘리사가 거기서 벧엘로 올라가더니 그가 길에서 올라갈 때에 작은 아이들이 성읍에서 나와 그를 조롱하여 이르되 대머리여 올라가라 대머리여 올라가라 하는지라 ²⁴엘리사가 뒤로 돌이켜 그들을 보고 여호와의 이름으로 저주하매 곧 수풀에서 암곰 둘이 나와서 아이들 중의 사십이 명을 찢었더라 ²⁵엘리사가 거기서부터 갈멜 산으로 가고 거기서 사마리아로 돌아왔더라

Elishah

'언중유골'言中有骨이라는 말을 모두 아실 것입니다. 예사로운 말 속에 그냥 듣고 넘길 수 없는 단단한 속뜻이 들어있다는 한자숙어입니다. 농담 같지만 농담이 아니고, 우스갯소리 같지만 진담이고, 무시해도 될 것처럼 말하지만 결코 무시해서는 안 되는 내용을 담은 말을 가리킵니다. 언중유골은 우리 주변에서 흔하게 듣는 유머나 농담부터 진지하고 심각한 주제를 다루는 문학에서까지 많이 사용하는 표현기법입니다. 이솝 우화나 동화는 언중유골을 일종의 문학적 방식으로 사용하는 것이라고 볼 수도 있습니다.

서두를 '언중유골'이라는 말로 운을 뗀 것은 본문이 언급하는 사건해석에 깊은 관련이 있기 때문입니다. 본문은 엘리사 선지자가 벧엘이라는 곳에 들어갈 때 아이들이 엘리사를 비웃고 놀렸다가 엘리사의 저주로 인해 곰에게 물려죽은 사건을 보도합니다. 이 사건을 여기에 기록해야 할 특별한 단서도 없이, 일종의 에피소드처럼 툭 던져줍니다. 그래서 독자들이 이 본문을 얼핏 보면 엘리사는 참으로 무자비한 선지자로구나라고 판단하기 십상입니다.

엘리사는 엘리야의 뒤를 잇는 선지자입니다. 이 사실 하나만으로도 '철없는 아이들의 소행'으로 간단히 넘겨도 될 일이었습니다. 그런데도 마치 인격수양이 한참 모자라는 사람처럼 분을 참지 못하고 지나치게 감정적으로 울컥해서 선지자의 능력과 권한을 사적인 보복에 사용한 것처럼 보이는 이 사건은 그렇게 겉만 보아서는 안 됩니다. 성경 본문의 보도 속에 담긴 '뼈'를 깊이 해석히고 삭여야 합니다. 엘리사 당시의 역사적 상황과 맥락을 단서삼아 보다 깊은 영적 의미를 찾아야 합니다.

먼저, 이스라엘 백성들이 하나님의 말씀을 우습게 여겨 땅에 던지고 짓밟기를 주저하지 않았던 태도를 돌이키지 않으면 안 된다는 경종을 울린 것입니다. 하나님의 영광을 저버리고 하나님을 모독하며 숨을 쉬듯 죄를 짓고도 임박한 진노에 무감각한 벧엘 사람들에게 곧 임할 심판을 예고하고, 하나님에 대한 경외를 회복하여 하나님의 권위를 높이고 하나님의 존엄하심을 찬양하라는 메시지였습니다.

이제부터 우리는 엘리사의 세 번째 이적으로 소개된 이 사건을 세 가지 교훈으로 정리하여 적용해보도록 하겠습니다.

서로 자존감을 세워주어라

해서는 안 되는 일을 할 때에는 그로 인한 손해나 피해가 적다고 여겨질 때입니다. 상대를 얕잡아볼수록 그의 약점을 건드리고 자존심을 상하게 하는 말과 행동을 그만큼 쉽게 합니다. 반면에 상대가 무서운 존재라고 알거나 상대를 존중하는 마음이 있다면 함부로 대하거나 약점을 건드리거나 조롱하거나 오해하지 않도록 세심하게 배려합니다.

꽃뱀이라는 뱀이 있습니다. 사람들은 맹독을 가진 살모사는 무서워했어도 꽃뱀은 독이 없다고 생각해 그냥 무시하고 뱀 같지 않은 뱀으로 여겼습니다. 그래서 꽃뱀을 보면 피하지도 않았습니다. 그런데 그런 꽃뱀에 물려서 죽은 사람이 생겼습니다. 알고 보니, 꽃뱀도 독이 있었습니다. 그것도 살모사보다 몇 배 강한 독성을 가졌습니다. 다만 다른 독사들처럼 앞니가 아니라 뒷쪽, 어금니 쪽에 독이 있어 깊이 물려야 독이 들어가기 때문에 가볍게 물렸을 때 얼른 뿌리치면 아무렇지도 않으니 사람들이 독이 없다고 오해했던 것입니다. 그러나 독이 있다고 생각해보면 무섭고 피하고 싶은 뱀입니다.

본문 23절에 따르면, 벧엘의 청년들은 엘리사 선지자의 머리가 벗겨진 것을 조롱거리로 삼았습니다. "대머리여 올라가라, 대머리여 올라가라"라고 노래하듯 외쳐댑니다. 아이들이 엘리사를 놀리며 한 말 특히, '올라가라'라는 말을 해석해 봅시다.

우선, 스승 엘리야 선지자가 하늘로 올라간 것처럼 엘리사 당신도 얼른 죽어서 하늘로 올라가라는 뜻일 수 있습니다. 만일 이 뜻이라면 선지자 따위는 필요 없다는 벧엘 사람들의 태도, 가치관, 신앙상태가 아이들의 말에 은연중에, 그러면서도 노골적으로 나타난 것입니다. '작은 아이들' 즉, 자라나는 세대가 선지지 따위는 죽어 없어져도 상관이 없다고 해석될 수 있는 그런 말을, 웃으면서 가볍게 하는 지경이라면 어른 세대의 태도는 더 말할 것도 없다고 판단할 수 있습니다. 처음부터 우습게 보는데 아무리 진리를 말한

들 받아들이겠습니까? 사실, 엘리야 선지자의 역동적인 활동에도 불구하고 이스라엘 백성들의 영적 상태가 조금도 개선되지 않은 것입니다.

다른 해석은, 벧엘의 아이들은 엘리사 선지자의 머리카락이 밑에서부터 빠졌는데 위쪽으로 더 많이 빠져 올라가서, 벗겨진 부분이 더 늘어나라는 식으로 조롱하였다는 것입니다. 이적을 행사하는 선지자가 오죽 못났으면 자기 머리털 나는 것도 해결 못한 채 그러고 다니냐는 즉, 자존심을 뭉개는 인격적 경멸이며, 선지자의 능력을 깔보는 조롱이었습니다.

첫 번째 해석이 영적 의미가 강력하다면, 두 번째 해석은 개인적, 인격적 차원의 의미가 강하다고 볼 수 있습니다. 그러나 지극히 개인적인 차원으로 좁히더라도 영적 의미가 없는 것은 아닙니다. '상대방의 약점이나 흠을 비하시켜서는 안 된다, 상대방의 자존심에 상처를 주어서는 안 된다, 건강하고 행복한 자존감을 갖도록 격려하고 세워주어야 한다'는 지극히 평범하고 세상 사람들도 쉽게 동의하는 격언도 지극히 영적인 원리를 반영합니다.

우리 모두는 하나님의 작품입니다. 완전무결하신 하나님의 최고의 명작입니다. 에베소서 2장 10절은 "우리는 그의 만드신 바라"라고 선언합니다. 이 대목을 표준새번역에서는 "우리는 하나님의 작품입니다"라고 번역하였습니다. '만드신 바' 혹은 '작품'이라고 번역된 헬라어 원어는 '포이에마'poi,hma입니다. 헬라어 단어 '포이에마'는 영어단어에서 '시'詩를 가리키는 '포엠'poem의 어원입니다. 시인만큼 단어 하나, 글자 하나에 온 마음과 생각을 다해 글을 쓰는 사람도 없을 것입니다. 시는 시인의 예술적 작품, 걸작품입니다. 그 점을 헤아릴 수 있다면, "우리는 하나님의 작품이다"라는 바울의 선언에 담긴 의도를 충분히 짐작할 수 있을 것입니다.

우리 한 사람 한 사람, 예외 없이 창조주 하나님의 '예술작품'입니다. 시인이 자신의 혼신의 힘을 다해, 영혼을 자아내 빚은 작품을 시라 할 수 있듯이 우리는 하나님께서 빚으신 아름다운 작품, 걸작품입니다. 걸작품을 영어로 '마스터피스'masterpiece라고 합니다. '주인, 거장'을 뜻하는 '마스터'master와 '조각, 작품'을 뜻하는 '피스'piece 두 단어가 합성된 것입니다. 거장의 일부분과 다름없는, 따라서 거장의 기량이 최대한 발휘된, 거장도 다시 만들기 쉽지 않은 작품을 가리킵니다. 우리는 우리의 조물주이신 하나님을 그대로 닮은 대단한 걸작품입니다. 하나님의 모든 피조물 가운데 가장 뛰어난 작품이라는 의미에서 우리는 만물의 영장입니다.

자동차 하나 만드는 데 1만 3천 개 가량의 부품이 필요하다고 합니다. 그런데 인간의 몸을 만드는 데는 100조 개의 세포 조직, 25조 개의 적혈구, 250억 개의 백혈구가 필요하다고 합니다. 더 놀라운 사실은 이런 고귀한 인간을 하나도 똑같지 않게 지으셨다는 사실입니다. 지구상의 67억 사람들 각각이 고유한 특징과 개성을 가지고 있습니다. 인체의 신비가 얼마나 놀라운지 사람의 손가락 지문이 같을 가능성은 640억 대 1이라고 합니다. 한 마디로 같은 지문을 가진 사람조차 없다는 것입니다. 하나님께서 우리 한 사람 한 사람에게 정말 심혈을 기울여 창조하셨다는 움직일 수 없는 증거입니다. 그러니 인류 전체뿐만 아니라 우리 각자는 하나님의 걸작품입니다. 따라서 우리는 서로를 존중해야 마땅합니다. 서로를 존중하고 자존감을 세워주는 것 역시, 하나님의 뜻에 순종하는 행위입니다. 반면에 다른 사람을 존중하지 않고, 깔보고, 무시하고, 흉보기를 즐거워하는 것은 그를 빚으신 하나님의 솜씨와 경륜을 얕잡아보는 것입니다.

외모로 판단하지 말라

인간의 보편적 오류 가운데 하나가 눈에 보이는 대로 믿고 판단한다는 점입니다. 겉모습에 쉽게 매혹당하고, 그 겉모습을 본질이라고 착각합니다. 외모가 출중하면 능력도 뛰어날 것이라고 쉽게 믿어버립니다. 그래서 잘생기고 잘 차려입은 사람들에게 현혹되어 사기당하는 경우가 많습니다. 아담과 하와가 자신들만이 아니라 모든 인류를 죄악과 죽음의 구렁텅이에 빠뜨린 유혹도, 하나님께서 먹지 말라고 명령하신 열매의 겉모습이 먹음직스럽고 지혜롭게 해줄 것 같은 겉모습 때문이 아닙니까? 열매의 겉모습이 그럴듯해 보여서, 먹으면 죽는다는 실체를 망각하고, 하나님의 명령을 거역하지 않습니까?

본문 24절을 봅시다. 벧엘의 젊은이들은 엘리사의 외모를 보고 얕보고 비웃고 조롱하다가 갑자기 나타난 암곰에 물려 42명이 죽었습니다. 본문에는 '찢었다' 즉, '바카'라는 단어를 사용하였습니다. '베어냈다,' '쪼개졌다,' '갈기갈기 찢어졌다'라는 말입니다. 곰에게 매우 잔인하게 공격을 당했다는 의미입니다. 선지자는 하나님의 뜻을 이루도록 하나님께서, 하나님의 능력을 더해서 보낸 사신인데 그 외모만 보고 함부로 대하다가 큰일을 당한 것입니다. 우리가 만나는 사람, 우리 곁에 있는 사람을 그 외모만 보고 함부로 대하다가 그 사람을 우리 곁에 보내신 하나님의 진노를 살 수도 있다는 사실을 깨달아야 합니다. 그래서 성경은 이 점에 관해 우리에게 명확한 가르침을 줍니다.

"너는 사람의 용모나 신장을 보지 말라. 내가 보는 것은 사람과 같지 아니하니, 사람은 외모를 보지만, 나 여호와는 중심을 보느니라" (삼상 16:6,7)

하나님은 내면을 보십니다. 사람의 속, 그 중심을 살피십니다. 사람이 아무리 정성껏 외모를 가꾸어도 하나님은 속지 않으십니다. 요즘 젊은이들이 제딴에는 자신의 중심을 보여준다고 '배꼽티'를 입고 다니는 것 같은데 그래도 소용이 없습니다. 하나님은 배꼽 속의 때를 보실 수 있습니다. 그리고 그 보다 더 깊이 보십니다.

우리나라 대학생선교회 C.C.C. 대표로 섬기고 있는 박성민 목사님의 결혼간증이 매우 감동적입니다. 박 목사님은 대학생 시절에 한 자매를 만나 예수님을 영접하게 되었습니다. 그 자매는 당시 대학생선교회의 총재 김준곤 목사님의 딸이었습니다. 교제를 하다가 결혼 허락을 받기 위해 자매의 아버지 김준곤 목사님을 찾아갔습니다. 김 목사님은 자기 딸과 결혼하겠다고 찾아온 청년과의 대화는 지극히 단출했습니다.

"자네, 예수 믿나?"
"예, 믿습니다."
"그러면 결혼하게."

김준곤 목사님은 딱 한 가지만 묻고 그 외의 외적인 조건을 하나도 묻지 않으셨습니다. 신앙의 중심만 확인한 것입니다. 신앙의 중심으로서의 예수님의 가치와, 하나님의 은혜와 돌봄에 대한 절대적 확신을 가지지 않고서는 힘든 자세입니다. 김준곤 목사님은 그야말로 믿음의 대인이십니다. 우리는 그 정도까지는 안 되어도 하나님의 관점대로 우리 자신과 우리 이웃을 바라보는 관점을 가져야 할 것입니다. 우리는 우리의 모습 그대로를 사용하실 수 있는 하나님의 주권과 능력을 인정해야 합니다. 다른 사람을 그 모습 그대로 사용하실 수 있다는 사실도 인정해야 합니다. 하나님은 사람의 중심을 보고 그 사람을 쓰십니다. 우리도 하나님과 동일한 관점으로 사람의 중심을 보아야 합니다. 오늘도 하나님께서 사람의 중심을 보시고 "내 마음에 합한 자로구나"라고 하신다면 우리도 그 사람을 보면서 "그 중심이 하나님의 마음에 합한 자로구나, 내 마음에도 합한 자로구나"라고 할 수 있어야 합니다. 하나님은 자신과 동일한 관점을 가진 그런 사람을 특히, 기뻐하실 것입니다.

하나님을 높이 경외하라

핵심주제를 세 단어로 표현하자면 '하나님,' '경외,' '신앙'입니다. 성경은 본문에 기록된 사건 즉, 벧엘의 청년들이 엘리사 선지자를 비웃고 조롱한 장면을 통해 그 젊은이들과 그들을 양육하는 세대의 신앙에 치명적인 문제가 있다는 '뼈'있는 메시지를 던지고 있습니다.

'벧엘'이라는 이름은 '하나님의 집'이라는 뜻입니다. 그러므로 벧엘은 하나님의 이름을 지극히 높여야 마땅한 곳입니다. 야곱이 절망적인 위기상황에 처했을 때 하나님께서 오라고 하신 곳이며 하나님을 경배하는 제단을 쌓으라고 정해주신 곳이며 하나님께서 친히 나타나 야곱의 원수들을 물리쳐주신 곳입니다(창 35:1-7). 야곱의 역사에서 즉, 이스라엘의 역사에서 벧엘은 얼마나 영광된 곳입니까? 벧엘 사람들은 얼마나 영광된 역사이 현장에서 사는 사람들입니까? 그런데 벧엘은 솔로몬 왕 이후에 남북왕국으로 분열된 뒤부터 금송아지 우상을 만들어 세워둔 곳이 되었습니다. 하나님의 집을 금송아지가 차지하였습니다. 하나님을 조롱거리로 만든 것입니다(왕상 12:28,29). 벧엘은 대표적인 '배교의 도시'로 전락하였습니다(대하 36:15,16). 결과적으로, 하나님이 쓰시는 선지자들을 무시하고 경멸하는 것을 아무렇지 않게 여기게 되고, 자신들이 하나님의 영광과 권위에 도전하는 행위인지에 대해 전혀 주의를 기울이지 않게 되었을 것은 당연한 일입니다. 벧엘 아이들이 엘리사 선지자를 조롱하는 행위는 철없는 아이들이 멋모르고 한 실수가 아니라 우상숭배와 신성모독의 역사와 밀접하게 연결되어 있었습니다. 그래서 하나님은 엘리사를 통해 벧엘을 심판하는 경고의 사건으로 암곰을 보내 물어뜯게 하신 것입니다. 암곰을 보낸 것은 암곰이 화나면 수곰보다 더욱 맹렬하고 무섭기 때문입니다(잠 17:12).

하나님의 선지자를 비웃는 것은 곧 그 선지자를 세우신 분을 비웃는 것입니다. 시편 105편 15절에서 하나님은 "내가 기름 부어 세운 사람에게 손을 대지 말며, 나의 예언자들을 해치지 말라"라고 가르치셨습니다. 이 경고의 말씀도 문자 그대로의 뜻이 전부가 아닙니다. 하나님께서 쓰시는 사람을 손대고 해치는 지경에 이르렀다면 즉, 그런 현상이 쉽사리 눈에 띄는 시대라면 하나님의 진노가 이미 머리 위에 놓여 있고 하나님의 가혹한 심판을 피할 수 없을 세대라고 깨달아야 한다는 의미입니다. 정말 경건한 세대라면, 하나님께서 넘치도록 복을 베푸신 세대라면 결코 사람을 그 외모로 판단하지 않고 사람을 사람으로서 존중하고 예의로 대하는 풍조가 지배할 것입니다.

21세기가 들어서면서부터 현대인들은 포스트모더니즘의 영향을 받아 겁도 없이 신성모독을 감행합니다. 불경스런 말들을 함부로 내뱉습니다. 하나님을 멸시합니다. 하나님을 멸시하다보니 하나님의 작품도 거리낌 없이 함부로 대하고 멸시하고 조롱합니다. 이것이 곧 망조요, 심판이 임박하였다는 징조입니다.

시편 2편 4절에 따르면, 하나님께서 그들의 소행을 비웃으신다고 경고합니다. 언젠가 하나님께서 무섭게 심판하실 것입니다. 하나님의 절대적 위엄과 거룩에 도전하거나 신성을 모독했던 사람들은 모두가 비참한 심판을 받았습니다. 바빌로니아의 느부갓네살 왕은 황금 신상을 만들어 하나님의 권위에 정면 도전했다가 정신이 미쳐서 소처럼 풀을 뜯어 먹다 죽었습니다. 벨사살 왕은 예루살렘 성전에서 훔쳐온 거룩한 그릇을 술잔으로 사용하여 술을 마시다가 쿠데타를 일으킨 자객에게 칼에 맞아 죽었습니다. 사도행전을 보면 아나니아와 삽비라 부부는 교회헌금을 사기 치다가 그 자리에서 죽었습니다. 또 헤롯 왕은 교회부흥을 가로막기 위해 예수님의 제자들을 핍박하며 감옥에 가두고 죽이다가 어느 날 벌레에 물려 급성 독성이 퍼져 죽었습니다. 하나님은 사랑이 주님이시지만, 정의의 심판자이시기도 합니다.

우리의 믿음은, 예수 그리스도를 구세주로 믿는다는 사실에서, 진리를 믿고 구원 얻는 믿음에서(살후 2:13), 더 나아가 하나님을 높이 경외하는 믿음으로 나아가야 합니다. 하나님의 거룩하심과 주권적 권위에 대한 외경심을 가져야 합니다. 하나님을 우리 자신보다 무한히 높여 경배하고 찬양하고 영광을 돌려야 합니다. 하나님을 경외하는 자는 지극히 놀랍게 축복을 받습니다.

성경은 하나님을 경외하여 축복받은 자들에 관한 목록입니다. 몇 가지만 찾아보겠습니다. 하나님은 자신을 경외하는 자에게 지혜를 주십니다(출 1:21). 주님의 손이 함께 하십니다. 하나님께서 직접 도와주십니다. 생활의 복을 주십니다. 기업을 축복하십니다. 소원을 이루어주십니다. 실력 있는 자가 되게 하십니다. 하나님은 자신을 공경하는 자들을 그만큼 존귀한 자가 되게 하십니다(삼상 2:30). 자녀들도 복되게 하십니다. 불쌍히 여겨주십니다. 기도응답을 잘해주십니다. 성령으로 기름 부어 축복하십니다. 병도 치유해 주십니다. 형통하게 하십니다. 큰 상을 주십니다.

마태복음을 보면 예수님께서도 이 점을 강조하신다는 사실을 발견할 수 있습니다. 하나님이 보내신 선지자를 존중하고 잘 따르는 사람은 그 선지자가 받을 상을 함께 받는다고 말씀하십니다. 냉수 한 그릇 떠준 친절까지도 하늘의 상을 주신다고 말씀하십니다(10:40-42).

하나님을 경외하는 것은 인생의 행복과 불행, 성공과 실패, 비천과 존귀를 결정합니다. 그래서 사도 바울은 '하나님의 인자하심과 준엄하심'을 깊이 생각하며 살라고 호소합니다(롬 11:22).

본문의 교훈은 매우 단순합니다. 우리의 삶에 적용하는 방법도 매우 간단합니다. 우리는 하나님을 경외하는 백성이라는 사실을 잊지 말고, 서로 자존감을 세워주면 됩니다. 외모로 판단하지 말고, 속사람의 중심을 보며 서로 존중하면 됩니다. 그러면 하나님을 우리의 삶에서 높이 경외하는 것이므로 하나님께서 우리를 높여주시고 놀라운 축복을 넘치도록 베풀어주실 것입니다. 그 축복을 즐겁게 누리는 인생이 되십시오.

5장

우리의
비전 진행과
성령의 기적

열왕기하 3:13~20

¹³엘리사가 이스라엘 왕에게 이르되 내가 당신과 무슨 상관이 있나이까 당신의 부친의 선지자들과 당신의 모친의 선지자들에게로 가소서 하니 이스라엘 왕이 그에게 이르되 그렇지 아니하니이다 여호와께서 이 세 왕을 불러 모아 모압의 손에 넘기려 하시나이다 하니라 ¹⁴엘리사가 이르되 내가 섬기는 만군의 여호와께서 살아 계심을 두고 맹세하노니 내가 만일 유다의 왕 여호사밧의 얼굴을 봄이 아니면 그 앞에서 당신을 향하지도 아니하고 보지도 아니하였으리이다 ¹⁵이제 내게로 거문고 탈 자를 불러오소서 하니라 거문고 타는 자가 거문고를 탈 때에 여호와의 손이 엘리사 위에 있더니 ¹⁶그가 이르되 여호와의 말씀이 이 골짜기에 개천을 많이 파라 하셨나이다 ¹⁷여호와께서 이르시기를 너희가 바람도 보지 못하고 비도 보지 못하되 이 골짜기에 물이 가득하여 너희와 너희 가축과 짐승이 마시리라 하셨나이다 ¹⁸이것은 여호와께서 보시기에 작은 일이라 여호와께서 모압 사람도 당신의 손에 넘기시리니 ¹⁹당신들이 모든 견고한 성읍과 모든 아름다운 성읍을 치고 모든 좋은 나무를 베고 모든 샘을 메우고 돌로 모든 좋은 밭을 헐리이다 하더니 ²⁰아침이 되어 소제 드릴 때에 물이 에돔 쪽에서부터 흘러와 그 땅에 가득하였더라

Elishah

과거에 상당히 오랫동안 지능지수IQ를 사람의 실력, 잠재력, 혹은 성공가능성을 나타내는 수치로 간주하였습니다. 그래서 지능지수가 상대적으로 높은 사람을 천재라고 불렀습니다. 그러다가 지능지수가 실은 어휘력의 발전단계를 상대적으로 평가한 것에 불과하고 기껏해야 단어 암기력에 불과하다는 것을 알게 되었습니다. 그 다음에는 감성지수 즉, EQ가 성공을 좌우한다고 해서 EQ 열풍이 불었습니다. 최근에는 그 사람의 사회적 적응능력과 대인관계가 더 중요하다는 사실에 역점을 두어 사회성지수 즉, SQ에 더 많은 비중을 두어야 한다고 합니다. 사회성지수가 중요하다고 새삼스럽게 떠들지만 그 기본전제는 인류 역사에서 너무나 자명한 사실입니다. 사람이 아무리 똑똑하고, 재능이 탁월하다 하더라도 대인관계가 안 좋으면 다른 사람들로부터 폭넓게 인정받지 못하고 따라서 폭넓게 활동하거나 큰 영향을 줄 수 없다는 것은 사실입니다.

이런 측면에서 엘리야 선지자와 엘리사 선지자의 리더십 스타일을 분석해보면 흥미롭고 유익합니다.

엘리야(세례 요한)	엘리사(예수님)
폐쇄적	개방적
도피적	참여적
거부적	수용적
전투적	화해적
단절형	관계형
고행자	여행자

엘리사는 선지자로 소명을 받기 전에도 종들과 다름없이 직접 소를 몰며 일하였다는 점에서 예감할 수 있듯이, 엘리사는 사회성 지수가 높은 사람이었습니다. 폭넓은 대인관계를 맺으며 광역 활동을 했습니다. 그만큼 주변사회에 영향력을 미치며 살았습니다. 본문이 제시하는 기적 사건도 그러한 맥락과 관계가 있습니다.

그 동안 이스라엘 국가에 조공을 바쳐오던 모압(요르단) 왕 메사는 이스라엘 왕 여호람을 배반하였습니다. 화가 난 여호람은 모압에 보복하기로 결심하고 남쪽 유다 왕 여호사밧과 동맹군을 형성하여 원정을 단행합니다. 그런데 광야를 통과하다보니 식수가 부족하였습니다(8-10절). 전쟁터에서 이것은 심각한 문제입니다. 이 때 이스라엘 왕 여호람은 하나님의 선지자 엘리사를 찾아가 어떻게 하면 좋을지 자문을 구합니다. 군사전략이나 병참조달의 방법론으로 풀 수 없고 하나님의 도움을 받고 싶으니 선지자가 어떻게 좀 해보라는 뜻입니다. 여호람은 하나님을 하찮게 여겨왔지만 하나님 이외에는 어찌할 방도가 없으니 선지자를 찾아온 것입니다.

이것이 인간의 바보스런 모습입니다. 편안할 때는 하나님을 찾지 않다가 아니, 하나님을 경멸하며 화를 돋우면서도 아무렇지도 않게 여기다가 일이 안 풀리고 힘들어지고 궁지에 몰렸을 때야 하나님을 찾습니다. 하나님께서 가장 분노하였을 때 하나님께 도움을 바라는 것입니다. 평소에 무소식으로 지낼 뿐만 아니라 무시하고 조롱하고 함부로 대하던 자식이 완전히 망하게 되었을 때 찾아와서는 부모의 집이나 전답을 팔아서라도 도와달라는 것과 다를 바 없습니다. 이것이 부패한 본성을 지닌 인간의 어리석음입니다. 당연히, 엘리사 선지자는 여호람 왕의 소행을 괘씸하게 여기셨지만 그래도 사랑의 선지자답게 하나님의 은혜를 간청하여 놀라운 기적을 일으켜주었습니다(14절).

이것이 본문에 나타난 사건의 개요입니다. 여기에서 우리가 어떻게 하면 성령의 큰 역사를 경험하며 살 수 있는지에 관해 실제적으로 적용할 원리를 찾아봅시다.

비전을 세우기 전에 성령의 감동을 먼저 받으라

여호람 왕은 이스라엘을 영적으로 크게 타락시킨 아합 왕의 아들입니다. 아합이 한평생 변함없이 걸어간 악한 길을 그대로 따라가는 여호람 왕이기에 엘리사는 달갑지 않았습니다. 엘리사는 여호람을 만나자 기분이 나빴습니다. 하나님을 무시하고 모독하는 자가 자기가 아쉽다고 단지 도움만을 청하러 온 소행에 꼴도 보기 싫었습니다(14절). 그렇지만 이스라엘 백성들 역시 하나님의 언약 백성이고 아직 심판의 때가 아니었기에 기도해주고 축복해주기로 결심했습니다. 그러니 문제는 엘리사 자신의 기분과 감정을 먼저 다스리는 것이었습니다. 그래서 악기 연주자를 불러 자신의 영혼을 평정시켰습니다(15절).

이처럼 자기 기분과 감정을 따라 그대로 행동하지 않고, 하나님의 뜻을 헤아리고 성령의 감동을 구해 일하려는 엘리사의 자세를 통해 그 훌륭한 영성을 엿볼 수 있습니다.

우리는 성령의 감동을 받고 일해야 합니다. 우리가 어떤 일을 계획하며 비전을 세우기 전에 먼저 기도해야 합니다. 성령님보다 앞서지 말아야 합니다. 현실 상황이 급할수록 오히려 충분히 기도하면서 성령님의 인도하심을 기다려야 합니다. 고요한 묵상을 통해 마음을 비울 때 성령의 감동을 받을 수 있습니다.

이스라엘 왕의 군대와 유다 왕의 군대가 광야 길로 진행하다가 물이 떨어졌습니다. 얼마나 세속적인 문제입니까? 그러나 하나님만이 그 문제를 도울 수 있었습니다. 그 문제를 풀기 위해서는 먼저 성령의 감동이 있어야 했습니다. 우리의 삶에서도 마찬가지입니다. 날마다 부딪히는 일에서, 직장에서, 사업현장에서, 어떤 프로젝트를 실행할 때, 우리는 하나님의 도움이 필요합니다. 하나님의 도우심과 인도하심을 받기 위해 먼저, 성령의 감동을 구하고 성령께서 마음을 주관할 수 있도록 노력하십시오. 그래서 성령과 함께 일하는 전문가가 되십시오.

요즘 기업에서 '하이 퍼포머' 즉, '높은 성과를 성취하는 사람'이라는 용어를 즐겨 사용합니다. 세상에서는 하이 퍼포머가 되기 위해 많은 방법을 강구합니다. 그래서 IQ, EQ, SQ에 주목하는 것입니다. 하지만 이 모든 것은 외형이며, 외모에 불과합니다. 사람이 무엇인가를 성취하기 위해서는 움직여야 하는데 움직이기 위해서는 기운이 있어야 합니다. 기운이 있기 위해서는 생령이 되어야 합니다. 하이 퍼포머는 생동하는 기운이 넘쳐야 하고, 그 기운이 창발적이어야 하는 것은 당연합니다. 사람의 기운을 전적으로 새롭게 하고 전적으로 창발적이 되도록 만들어주는 유일한 존재는 하나님이십니다. 하나님은 우리 안에, 우리와 함께 하면서 우리를 돌보고 돕도록 성령을 보내주십니다. 그러므로 우리가 진정한 퍼포머가 되기 위해서는 성령의 임재와 도움이 필요합니다. 특히, 하이 퍼포머가 되기 위해서는 성령 충만을 힘입지 않으면 안 됩니다.

비전을 진행하면서 성령의 큰 역사를 믿으라

우리가 신자라면, 하나님을 믿고 하나님의 능력으로 살기를 소망한다면 무슨 일을 하든지 성령의 역사하심을 믿고 의지해야 합니다. 큰 믿음과 큰 역사를 기대할수록 성령님을 더 많이 더 절실하게 믿고 의지해야 합니다. 믿고 의지할 때에 하나님께서 크게 축복하실 줄로 확신해야 합니다.

이것이 본문의 핵심 주제입니다. 하나님은 엘리사 선지자를 통하여 이스라엘이 모압을 이길 수 있다는 놀라운 기대를 품게 하십니다. 그래서 군인들을 시켜서 광야의 골짜기에 도랑을 많이 파놓으라고 하십니다(16절). 그런데 전쟁에 이기는 것과 도랑을 많이 파는 것이 무슨 관계가 있을까요? 전투현장에서, 극심한 가뭄이 들었을 때, 메마른 골짜기에 도랑을 많이 판다는 것은 단지 병사들의 기력을 낭비할 뿐 아무 소용없는 일입니다. 도무지 이해할 수 없는 전략입니다.

본문 17절을 보면 비가 올 기미가 전혀 없었습니다. 그런데도 도랑을 많이 파서 물이 모압 쪽으로 흘러내려가도록 하라고 한 것입니다. 이 명령에는 먼저, 철저한 순종, 어리석은 바보인 듯 묵묵히 따라하는 복종이 요구됩니다. 손에 잡히고 눈에 보이는 증거는 없지만 하나님의 역사를 믿고 기대해보라는 메시지입니다.

20절에 그 결과가 나옵니다. 물론 비는 한 방울도 내리지 않았습니다. 엘리사는 비를 내려달라고 기도하지도 않았습니다. 하나님께서 어찌 하시겠다는 실마리 하나 주시지 않으셨습니다. 하지만 다음날 아침이 되었을 때 전날 파놓은 도랑마다 물이 흘러넘쳤습니다. 심지어 골짜기마다 물이 넘쳤습니다. 놀랍게도 그 전투현장이 아니라, 에돔 동쪽 산악지대에 지난밤에 폭우가 쏟아져 내렸고, 그 물이 이쪽으로 흘러내려왔던 것입니다.

하나님의 기적은 이처럼 간단하지만 단순하지가 않습니다. 현장에 있는 인간의 상상력과 스케일을 뛰어넘습니다. 가뭄도 홍수도 하나님 주권입니다. 성령의 역사를 기대하는 자는 이런 놀라운 기적을 경험할 수 있습니다. 그 기적을 부리시는 하나님의 솜씨를 알 수 있습니다.

18절에서 "이런 일쯤은 주님께서 보시기에는 너무나 작은 일이다"라고 선언합니다. 사람의 수준에서는 깜짝 놀라고 평생에 처음 보는 일이며 상상조차 못하는 일이지만 하나님께는 아무것도 아닙니다. 너무나 간단한 일입니다. 극심한 가뭄에 시달리는 바로 이 자리에 억수같이 비를 내리지 않으셔도 물이 넘치도록 하실 수 있는 분입니다. 오늘 우리 머리 위에 능력을 쏟아 붓지 않으셨어도 능력이 강물처럼 이곳에 밀어닥치게 만드실 수 있는 분입니다. 그러므로 하나님이 원하시면 우리는 믿어야 하고, 믿었으면 메마른 땅에 열심히 삽질하여 도랑을 파야 합니다. 그저 도랑을 파면됩니다. 믿고 순종하면 메말랐던 도랑에 축복이 넘치도록 풍성하게 흘러내려올 것입니다. 우리의 계획과 비전 위에 이런 성령님의 기적 은총이 임하기를 바랍니다.

전쟁터에서 개천을 파는 것이 이해가 안 되는 전략이었으나 믿음으로 도랑을 판만큼 물이 흘러 넘쳤듯이 오늘 우리가 믿음으로 추진하는 일에 성령님의 기적은 얼마든지 일어납니다. 성령님은 우리 믿음의 분량대로 기적을 채워주십니다. 믿고 기대하는 만큼 역사를 일으켜주십니다. 시편 81편 10절에서 "네 입을 넓게 열라. 내가 채우리라"라고 명령하시고 약속하십니다. 우리는 단지 믿고 순종하기만 하면 됩니다.

오늘도 우리들의 삶에 성령님의 큰 기적이 일어날 줄 믿으십시오. 우리가 하나님의 가슴을 가지고 우리의 삶에 하나님의 도우심을 구하며 나아갈 때 하나님께서 우리 삶을 축복하실 것입니다. 우리의 필요한 것을 채우실 뿐 아니라, 우리가 생각하지 못한 방법으로 우리의 삶을 인도해주실 것입니다.

"땅을 보려면 삭막한 겨울에 보라"

봄이나 여름에는 수목이 무성하게 우거져서 단점을 은폐하고 장점만 더욱 돋보이는 반면, 낙엽이 다 떨어진 겨울에는 벌거벗은 모습 그대로 훤히 보이기 때문에 정확하게 확인할 수 있다는 것입니다. 즉, 가장 나쁠 때 보아야 진가를 알아볼 수 있다는 원리입니다.

"가장 나쁠 때 보아야 진가를 알아볼 수 있다."

혹심한 가뭄에 시달리며 비가 올 기미조차 없는 상황은 도랑을 많이 파라는 명령을 받은 군사들은 정말 하나님을 경외하는지, 얼마나 순종적인지를 제대로 평가할 수 있는 좋은 시점입니다. 또 이스라엘 군사들은 하나님이 얼마나 위대하신지를 깊이 경험할 수 있는 좋은 시점입니다.

20세기 경영학의 아버지이며, 격변하는 세상에 대한 탁월한 통찰력으로 인해 세상의 많은 지도자들이 '그루Guru'로 여기는 피터 드러커는 이렇게 말합니다.

> "19세기는 거대 기업의 시대였고,
> 20세기는 정부, 정권의 시대였다.
> 그러나 21세기는 공동체의 시대 age of community가 될 것이다."

21세기에 들어서서 10년 정도 지난 지금, 피터 드러커의 지적이 탁월하였다는 것을 확인할 수 있습니다. 지금 우리가 살고 있는 21세기는 기업이나 국가 모두가 상생공존의 협력 체제를 구축해가고 있습니다. 나라들마다 연합 공동체를 형성하고 있습니다. EU라고 하는 유럽 공동체, 아랍 에미리트라고 하는 중동국가연합 공동체, 아시아 국가들이 협력 체제를 이루고 있는 동북아 공동체, 남미 공동체, 아프리카 공동체, 러시아를 중심한 CIS, 독립국가연합 등 각양각색의 공동체를 형성하고 있습니다. 개인적으로도 서로 연결 공동체를 이루려고 다양한 동호회 그룹을 만들어 교제하고 있습니다. 등산 동호회, 자전거 동호회, 마라톤 동호회, 골프, 테니스, 축구 등 각종 스포츠 동호회, 여행 동호회, 요리 동호회 등 연결공동체들이 무수히 많습니다.

전 세계를 연결하는 인터넷 통신망에서 최근에 일어나는 현상을 두 단어 즉, '연결'connected과 '공동체'community라는 단어로 압축할 수 있습니다. 이미 이 두 단어를 하나로 합쳐서 '연결 공동체' connexity라고 부르기도 합니다.

세상 나라들도 서로 상생공존하기 위해 공동체 연합을 추구한다면, 우리 그리스도인들이야말로 더욱 행복한 공동체를 이루어야 합니다. 이것이 교회가 인류의 역사 전체를 걸쳐 감당해야 했던 시대적 사명 가운데 하나입니다. 우리가 주일마다 함께 고백하는 사도신경에서도 이 점을 강조합니다. "성령을 믿사오며, 거룩한 공회와, 성도가 서로 교통하는 것을 믿습니다"라고 고백하는 부분이 바로 그 내용입니다. 교회 공동체를 통해 행복한 교제를 나누며 살아야 한다는 뜻입니다. 우리 그리스도인들은 하나님 나라의 한 백성, 한 가족으로서 더욱 건강하고 행복한 공동체 교제를 나누며 살아야 합니다. 이것이 예수님께서 세우신 교회의 본질적 특성 가운데 하나입니다. 우리는 예수님의 십자가 사랑으로 한 피를 받아 한 몸을 이룬 한 형제요 자매입니다. 한 가족입니다. 그래서 저희 교회는 '글로벌 프로젝트'라는 비전을 가지고 행복한 공동체 생활을 꿈꾸고 있습니다.

우리가 살고 있는 21세기는 본질 회복의 시대입니다. "기본으로 돌아가라" Back to the Basic고 외치는 시대입니다. 교회의 본질 회복은 행복한 공동체 생활의 회복입니다. 교회는 예수님의 십자가 사랑으로 한 피 받아 한 몸 이룬 형제자매공동체, 한 가족공동체입니다. 그러므로 요람에서 부활까지 함께 행복한 교제를 나누며 살아가는 공동체를 이루어야 합니다.

6장

하나님은 당신도 돌보아주신다

열왕기하 4:1~7

¹선지자의 제자들의 아내 중의 한 여인이 엘리사에게 부르짖어 이르되 당신의 종 나의 남편이 이미 죽었는데 당신의 종이 여호와를 경외한 줄은 당신이 아시는 바니이다 이제 빚 준 사람이 와서 나의 두 아이를 데려가 그의 종을 삼고자 하나이다 하니 ²엘리사가 그에게 이르되 내가 너를 위하여 어떻게 하랴 네 집에 무엇이 있는지 내게 말하라 그가 이르되 계집종의 집에 기름 한 그릇 외에는 아무것도 없나이다 하니 ³이르되 너는 밖에 나가서 모든 이웃에게 그릇을 빌리라 빈 그릇을 빌리되 조금 빌리지 말고 ⁴너는 네 두 아들과 함께 들어가서 문을 닫고 그 모든 그릇에 기름을 부어서 차는 대로 옮겨 놓으라 하니라 ⁵여인이 물러가서 그의 두 아들과 함께 문을 닫은 후에 그들은 그릇을 그에게로 가져오고 그는 부었더니 ⁶그릇에 다 찬지라 여인이 아들에게 이르되 또 그릇을 내게로 가져오라 하니 아들이 이르되 다른 그릇이 없나이다 하니 기름이 곧 그쳤더라 ⁷그 여인이 하나님의 사람에게 나아가서 말하니 그가 이르되 너는 가서 기름을 팔아 빚을 갚고 남은 것으로 너와 네 두 아들이 생활하라 하였더라

Elishah

평양 과부 백선행1848-1933이라는 유명한 집사님이 계셨습니다. 한국 개신교 선교 초창기에 평양은 우리나라 최초로 '장로교 신학교'가 세워진 곳이니 정말 영광된 역사를 가졌습니다. 백선행 집사님은 여성이며 과부였지만 평양의 기독사학의 '대모'로 불린 분입니다.

백선행 집사님은 편모슬하에서 어렵게 성장하여 14살 어린나이에 수원 사람 안재욱安栽煜과 결혼했지만 겨우 2년 만에 청상과부가 되었습니다. 그래도 홀시어머니를 모시고 청순한 신앙으로 최선의 인생을 살았습니다. 그는 밤낮을 가리지 않고 삯바느질을 비롯해 온갖 궂은 일을 마다하지 않고 열심히 일했습니다. 봉숭아꽃을 심어 모종도 팔고 꽃도 팔고 열매가 맺히면 씨도 받아서 팔았습니다. 매일 질동이를 머리에 이고 20리 떨어진 시장에 가서 음식 찌꺼기를 얻어다가 돼지를 키웠습니다. 억척스럽게 일하여 많은 돈을 모았습니다. 그래서 별다른 이름도 없던 백 집사님을 '악바리 백 과부,' '구두쇠 백 과부'라고 불렀습니다. 스스로 '자계삼훈'自戒三訓이라고 정한 원칙 즉, '먹기 싫은 것 먹고, 입기 싫은 것 입고, 하기 싫은 일을 하자'는 원칙 그대로 억척스럽게 일을 해서 30세 즈음에는 일 닌 50식지기 중농인이 되고 40세 즈음엔 그 두 배인 100석지기 부농이 되었습니다.

지독하게 돈을 벌어댔고 자기를 위해서가 아니라 남을 위해 아낌없이 돈을 썼습니다. 60세 즈음에 큰돈을 내놓아 대동군 용산면

객석리에 돌다리를 놓아주었습니다. 본래는 나무다리가 놓여 있었는데 큰 비만 오면 떠내려가서 마을사람들이 불편했던 것입니다. 마침 그 다리는 남편의 묘소로 가는 길목이기도 했습니다. 2천 원이 넘는 돈을 내놓았는데 당시 쌀 한 가마니 80kg가 4~5원쯤이었다니 당시로서는 무척 큰 액수였습니다. 1911년 8월에 다리가 완공되자 인근 사람들이 이름도 없던 백 집사를 더 이상 '과부'라고 함부로 부르지 말자는 뜻으로 '선행'善行이라는 이름을 지어주어 그때부터 '백선행'이 된 것입니다.

70세 즈음에, 억척스럽게 이백 냥의 돈을 모아서는 시부모님과 남편을 위해 선산을 만들어 드리려고 대동강 변에 있는 '만달산'이라는 야산을 하나 샀습니다. 땅문서를 손에 쥔 그는 감개무량했습니다. 그런데 막상 남편의 무덤을 이장하려고 산 구경을 가보니 전혀 쓸모없는 산이었습니다. 나무 한 그루 심을 수 없는 돌산이었습니다. 완전히 사기를 당한 것입니다. 힘없는 여인으로 억울함을 하소연할 길도 없었습니다. 무엇보다도 면밀히 살피지 못한 자기 책임이 크다고 인정하고는 다른 누구를 원망하지도 탓하지도 않았습니다.

그 후 여러 해가 지나 일본의 건설회사가 대동강에 다리를 놓는 공사를 하게 됩니다. 건설회사에서는 시멘트 공장을 세우고자 지질조사를 하던 중 대동강 옆 만달산이 매우 질 좋은 석회암 산임을 발견하게 되었습니다. 그래서 산 주인을 찾으니 바로 백선행이었습니다. 일본인 기업주 오노다는 이 산을 사려고 여러 번 시도했으나 백선행은 절대로 팔 수 없다고 냉정히 거절했습니다. 일본 사람들은 백 과부가 배짱을 부리는 줄 생각하고 그가 매입한 가격의 백 배인 이만 냥을 준다고 했으나 또 거절당하고 말았습니다.

마침내 일본 사람은 평안도 도지사, 평양 부윤을 동원하여 백선행이 출석하는 교회의 목사님에게 설득해 달라고 찾아왔습니다. 그녀가 교회 목사님의 말씀은 잘 순종한다는 정보를 들었기 때문입니다. 그래서 목사님은 백선행 집사를 심방하여 산을 팔지 않는 이유를 물었습니다. 그 때 백선행 집사님의 대답이 참 감동적입니다.

"목사님, 제가 아무것도 모르고 사기를 당하여 돌산을 샀는데, 다른 사람이 그런 산을 이만 냥에 사간다면 그 사람 망하는 것을 어떻게 볼 수 있겠습니까? 예수님을 믿는 제 양심으로 나 혼자 망하고 말아야지 다른 사람 망하게 할 수는 없습니다."

얼마나 감동적입니까? 얼마나 청순한 신앙의 사람입니까? 백선행 집사는 목사님으로부터 그 산이 시멘트를 만들 수 있는 석회암 산이기 때문에 오히려 그들도 이득을 보고 대동강에 튼튼한 다리를 놓을 수 있다는 설명을 듣고서야 그 산을 기꺼이 이만 냥에 팔아 백배의 이득을 얻었습니다.

그런데 백선행 집사가 고생 끝에, 피나는 노력 끝에 하나님께서 부자로 만들어주셨다는 것으로 '해피 앤딩'하지 않았습니다. 백선행 집사님은 그 돈으로 교회를 짓고, 학교를 세우고, 한국의 간디라고 불리는 조만식 장로님의 독립운동을 돕고, 또 기독교 회관 건물과 평양신학교 재단 설립에 막대한 재산을 바치는 등 아낌없이 헌신했습니다. 83세로 자택에서 별세할 때는 모든 재산을 사회에 헌납하였고 돈이 필요한 사람에게 나눠주기도 하였습니다. 평양의 22개 단체가 참여하고 총독부조차 적극 도와 우리나라 최초의 사회장으로 장례를 치렀습니다. 사회장이지만 1만 명이 넘는 사람들이 조문하여 국장國葬 못지않게 성대하게 치렀다고 합니다.

성경은 하나님의 돌보심을 크게 두 가지로 설명합니다. 첫째는 단체적 돌보심입니다. 하나님의 나라인 이스라엘 국가를 돌보아주십니다. 사사기를 통해서 잘 알 수 있습니다. 둘째는 개인적 돌보심입니다. 하나님의 백성 한 사람 한 사람을 섬세하게 돌보아주십니다. 룻기에 잘 나타납니다.

하나님의 돌보심이라는 주제는 엘리야와 엘리사의 선지사역의 주요 특징이기도 합니다. 물론 두 선지자에게는 차이점도 있습니다. 엘리야는 이스라엘 나라를 돌보시는 하나님의 은혜를 강조하는 반면, 엘리사는 이스라엘 백성 한 사람 한 사람을 자상하게 돌보시는 하나님의 사랑을 강조합니다. 엘리야와 엘리사라는 두 측면을 하나로 종합하면 다음과 같습니다.

> '하나님은 우주를 통치하시면서도
> 나 한 사람을 섬세하게 돌보아주신다.'

　이것이 본문의 주제입니다. 어떤 신학생의 미망인을 놓고 이야기를 전개합니다. 자세한 설명은 없으나 남편은 신학수업 도중에 죽은 것 같습니다. 젊어서 혼자가 된 이 미망인은 가난했습니다. 설상가상으로 빚이 많았습니다. 진짜 의지할 데 없이 가난했던 것 같습니다. 여하튼 남편은 죽고 빚도 갚을 수 없고 결국, 두 아들마저 노예로 팔릴 상황이 됩니다. 얼마나 기막히고 얼마나 막막하겠습니까? 얼마나 분하고 억울하겠습니까? 남편은 하나님의 부르심에 순종하여 젊음을 바쳐 하나님의 종이 되고자 헌신했고 식구들도 가난을 무릅쓰며 함께 했는데, 남편은 빛도 못보고 일찍 죽었을 뿐만 아니라 빚 때문에 두 아들마저 노예가 될 수밖에 없게 되었습니다. 너무나 암담한 상황이었습니다.

　그러나 그 여인은 주저앉아 원망만 하고 있지 않았습니다. 지도자인 엘리사 선지자를 찾아가 자초지종을 말하며 도움을 청했습니다. '하나님이 막은 인생길을 엘리사가 어떻게 풀어줄 수 있을까'라고 생각할 수 있었지만 엘리사를 붙들기로 하였습니다. 놀랍게도 엘리사는 그 여인의 근본문제를 해결해주었습니다. 마치 엘리사는 그 여인이 오기를 기다리고 있었던 것처럼, 그 여인을 둘러싼 모든 문제를 푸는 열쇠를 손에 들고 기다리고 있었던 것처럼 문제를 즉각적으로 해결해주었습니다. 하나님은 우리를 섬세하게 돌보아주십니다. 우리의 딱한 사정을 해결해주기 위해 능력과 은총을 아낌없이 베푸십니다. 성경은 하나님을 자기 자녀를 극진히 돌보시는 아버지로 묘사하는 데 열심입니다. 예수님도 제자들도 우리에게 하나님은 우리 아버지이심을 확신하라고 하십니다.

"너희 아버지께서 허락하지 아니하시면 그 하나도 땅에 떨어지지 아니하리라 너희에게는 머리털까지 다 세신 바 되었나니 두려워하지 말라 너희는 많은 참새보다 귀하니라"(마 10:29-31)

"너희 염려를 다 주께 맡기라 이는 그가 너희를 돌보심이라"(벧전 5:7)

참새 한 마리까지도 돌보신다면 자신의 자녀는 얼마나 자상하게 돌보아주시겠습니까? 미국의 백화점 업계의 제왕인 제이 씨 페니J. C. Penny가 젊은 시절에 부도를 맞았습니다. 진실한 신자였는데도 망한 것입니다. 건강마저 잃어 병원에 입원하였습니다. 심각한 좌절과 낙망을 벗어나지 못하고 인생을 자포자기하는 지경에 이르렀습니다. 그러던 어느 날 아침 자기가 입원한 병동에서 아름다운 합창소리가 들려 왔습니다.

"너 근심걱정 말아라 주 너를 지키리 주 날개 밑에 거하라 주 너를 지키리 주 너를 지키리. 아무 때나 어디서나 주 너를 지키리. 늘 지켜주시리……."

페니는 간호사들이 부르는 이 찬송가를 듣고 하나님의 돌보심을 확신하였습니다. 기운이 생겼습니다. 의욕을 회복하였습니다. 다시 일어났습니다. 재기하였습니다. 그래서 오늘날의 '제이 씨 페니 백화점'을 일으켰습니다. 그렇다면, 이제 하나님은 어떤 사람을 어떻게 돌보아주시는지에 관해 살펴봅시다.

하나님은 헌신하는 자를 반드시 돌보아주신다

본문에 등장하는 여인은 정말 절망적이고 비참한 지경에 내몰렸습니다. 남편이 선지자 수업을 받다가 날개도 펴보지 못한 채 죽었습니다. 그리고 빚더미에 올랐습니다. 주변에서는 손가락질을 합니다. 아는 체도 안 하려고 합니다. 친구도 떠나고 친척들도 외면합니다. 도와주기도 싫고 도와줘봤자 소망이 없다고 단정합니다. 얼마나 기가 막히고 막막하겠습니까? 주님을 위해 젊음을 바쳐 헌신했는데 어찌 이런 불상사가 일어날 수 있다는 말입니까? 이처럼 하나님을 잘 믿는 가정에도 어려움이나 환난이 찾아올 수 있습니다. 믿음으로 헌신하는 가정에도 뜻밖의 시련이 엄습할 수 있습니다. 갑작스런 부도를 당해 가난해질 수도 있습니다.

'하림'이라는 닭 공장 창업주 김홍국 회장은 교회의 집사이기도 해서, 아파트건설 사업을 하려고 확보해놓은 당시 100억 상당의 1만 평 부지를, 익산 신광교회가 건축을 할 수 있도록 반값으로 넘겼습니다. 그리고 교회로부터 받은 돈에서도 절반을 다시 교회에 헌금하였습니다. 얼마나 놀랍고 고귀한 헌신입니까? 그런데 더 놀라운 것은 그 해에 하림의 양계장에 불이 나서 하림이 완전히 망했습니다. 어찌 이런 일이 일어날 수 있겠습니까? 축복이 아니라 천벌이라는 생각이 들면서, 하나님으로부터 버림을 받았다며 땅을 치며 하나님을 원망할 일이 아닙니까? 익산 신광교회 장덕순 목사님도 어이가 없어 김 집사님을 부둥켜안고 엉엉 울었다고 합니다.

하지만 하림의 김 회장은 도무지 이해가 안가는 절망적 상황에서도 낙심하지 않고 다시 도전하였습니다. 자본이 없으니 할 수 없이 싼 땅을 찾아 경상도 산골까지 들어가 비닐하우스를 만들고 닭을 기르기 시작했습니다. 그런데 그해에 전국적으로 조류독감이 돌아 양계 농장마다 엄청난 타격을 입었습니다. 하지만 하림의 양계장은 산골 깊은 곳에 있어 아무런 피해를 보지 않았습니다. 양계업이 전국적으로 타격을 입을 때 하림은 오히려 엄청난 흑자를 달성했습니다. 돌이켜 보면, 양계장에 불이 난 것은 징벌도 저주도 아니라 자기 자녀를 피할 길로 인도해주신 것입니다. 당장 눈앞의 손해 때문에 원망하고 좌절하지 않고, 끝까지 하나님을 믿고 신뢰하니 하나님께서 넘치도록 풍성한 믿음과 은혜와 더불어 보상까지 해주신 것입니다. 지금 하림의 연간 매출은 5조가 넘습니다.

헌신하고 망한 사람은 없습니다. 하나님은 반드시 보상해주십니다. 헌신하는 당대뿐만 아니라 후대까지도 후대하여 주십니다. 천대까지 은혜를 베풀어주시겠다고 성경 곳곳에 써놓으셨습니다(시편 13:6, 116:7, 119:7, 142:7). 하나님은 믿음으로 사는 사람을 반드시 철저하게 돌보아주십니다. 헌신의 삶을 통해 하나님의 상급을 누렸던 다윗은 이렇게 간증합니다.

> "나는 젊어서나 늙어서나, 의인이 버림받는 것과 그의 자손이 구걸하는 것을 보지 못하였다. 그런 사람은 언제나 은혜를 베풀고, 꾸어 주면서 살아가니, 그의 자손은 큰 복을 받는다" (시편 37:25-26)

우리나라 순교자들의 경우를 보더라도 한동안 말할 수 없는 가난으로 고생을 했습니다. 하지만 그 후대들은 많은 복을 누리고 있습니다. 상주시는 하나님을 믿으시기 바랍니다.

하나님은 믿음의 분량만큼 돌보아 주신다

하나님은 엘리사를 찾아온 과부여인을 통해 우리에게 믿음으로 축복받는 원리를 가르쳐주십니다. 그 원리를 세 가지로 정리해서 확인해 보겠습니다.

첫째, 지금 할 수 있는 것을 활용하라.

엘리사는 그 여인에게 네게 있는 것이 무엇이냐고 묻습니다. 남편은 죽고 빚더미에 치여 아들 둘은 종으로 끌려갈 처지인 집안에 무엇이 남아 있겠냐고 반발할 수 있지만 순순히 대답합니다. 엘리사는 이웃집으로 가서 그릇을 많이 빌리고, 문을 닫고 아들 둘과 함께 그 많은 그릇에 기름을 부어 채우라고 명령합니다. 여인은 그게 무슨 소리냐고 대꾸하지 않고 순순히 그렇게 행합니다.

한미한 집안에 마지막으로 남은, 한낱 작은 그릇에 담긴 기름이 무슨 의미가 있겠습니까? 하지만 놀랍게도 하나님은 그 기름으로 큰 이적을 행하셨습니다. 우리 눈에 하찮아 보이는 것으로도 큰 역사를 이루십니다. 우리에게 없는 것을 생각하지 맙시다. 있었어야 한다고 억울해하지 맙시다. 잃어버린 것을 헤아리고 앉아 있지 맙시다. 우리에게 아직 남아 있는 것이 보잘 것 없다고 한탄하지 맙시다. 우리 손으로 지금 붙잡을 수 있는 것을 감사히 생각합시다. 하나님은 그것을 붙잡고 순종하는 사람을, 그 손길을 귀하게 쓰십니다. 하나님은 아무리 초라한 것도 하나님은 기적의 도구로 사용하실 수 있습니다. 하나님 나라의 축복 공식은 작은 것을 크게 활용하는 것입니다. 지금 있는 것을 활용하십시오. 지금 있는 것을 가지고 하나님께 순종하십시오.

둘째, 가능한 큰 믿음으로 준비하라.

본문에서 그릇을 많이 빌려오라는 명령에 주목해야 합니다. 여인은 미처 깨닫지 못했지만 하나님은 이 집에 있는 모든 그릇을 다 채우고도 넘치는 축복을 주실 작정으로 이웃에서 그릇을 많이 빌려오라고 엘리사를 통해 명령하셨습니다. 그 한도를 정해주지 않고 단지 많이 빌리라고 했으니 정말이지, 많이 빌리기만 하면 되었던 것입니다. 이웃에게 그릇을 빌리는 만큼 축복이 채워진다는 것은 빌리는 것 자체가 축복 받는 준비라는 것입니다. 이만큼이면 되었다고 생각해서 두 아들과 함께 문을 닫고 집안으로 들어가는 그만큼이 축복의 양입니다. 축복의 크기는, 그녀가 갚아야 할 빚의 크기가 아니라 그녀가 가진 믿음의 크기가 결정하였습니다. 은혜 받을 믿음의 그릇을 항상 준비합시다. 항상 우리 믿음의 크기를 더 합시다. 항상 은혜 받을 준비를 해야 합니다. 하나님은 우리가 준비하는 그릇에 은혜와 축복을 채워주시기 때문입니다.

> 그릇을 준비하는 것은 우리의 몫이고,
> 그릇을 채우는 것은 하나님의 몫이다.

본문에 따르면, 하나님이 주시는 기름이 모자란 것이 아니라 여인이 준비한 그릇이 모자랐던 것입니다. 문을 닫은 뒤에, 그릇을 준비할 시기가 지난 뒤에, 아무리 후회해도 소용이 없습니다. 하나님의 능력이 무한하다고 믿으면서도 우리는 작은 그릇 밖에 준비하지 않습니다. 이만하면 충분할 것이라는 생각으로 하나님의 무한한 자비를 제한하는 경우가 얼마나 많습니까? 우리의 개인 일도, 가정 일도, 교회 일도 마찬가지입니다. 우리가 믿음으로 준비하는 만큼 놀라운 부흥의 기적이 일어날 줄 믿습니다.

셋째, 믿음생활을 방해받지 마라.

준비한 그릇에 기름을 채우기 전에 먼저, 방해받지 않도록 문을 닫으라고 명령합니다. 방해받지 않도록 조치를 취하라는 뜻입니다. 우리가 하나님의 능력을 체험하려면 믿음이 흔들리지 말아야 합니다. 하나님께 집중하고 하나님의 일에 전념해야 합니다. 믿음이 굳세지 않다면 문을 닫아걸어야 합니다. 무슨 일로 저 가난한 집에서 집집마다 돌아다니면서 그릇을 빌렸을까 궁금하게 생각한 이웃의 호기심 때문에 이 집에서 오늘 일어나는 기적이 방해받을 수 있습니다. 가장 가까운 이웃의 관심 때문에 방해를 받을 수도 있습니다.

하나님께만 집중해야 한다는 목적을 달성하기 위해 필요하다면 문을 닫아걸어야 합니다. 다락방으로 들어가야 합니다. 하나님의 명령을 수행할 때 흔들리지 않아야 하나님만 바라볼 수 있고, 큰 기적을 경험할 수 있기 때문입니다. 예수님도 제자들에게, 그리고 우리들에게 같은 원리를 가르쳐주셨습니다.

'믿음이 없으면 얻지 못하고, 믿음이 적으면 적게 얻고,
믿음이 크면 기적도 크다.'

우리는 하나님만이 허락하실 수 있는 큰 믿음을 가집시다. 갑절의 기적이 오늘 일어날 수 있습니다.

하나님은 기도한 것 이상으로 돌보아 주신다

과연 누가 이 본문에 진술된 그런 기적을 상상할 수 있겠습니까? 엘리사를 찾아온 그 여인, 이 기적을 경험한 당사자조차도 전혀 상상하지 못하였습니다. 두 아들만 종으로 팔려가지 않도록 만들어주면 그것만으로도 충분하다 생각했을 것입니다. 오늘 당장 겪는 궁핍만 어떻게든 모면하면 한이 없겠다는 생각이 전부였을 것입니다. 이처럼 커다란 이적을 자기 손으로 경험할 줄은 상상도 못했을 것입니다.

엘리사가 시키는 그대로 하였을 때 자신의 모든 그릇과 이웃에게서 빌려온 모든 그릇을 가득 채울 수 있었습니다. 자기에게 있던 적은 기름은 모든 빚을 다 갚고도 남을 정도로 많은 기름이 되었습니다. 역사에 유래가 없는 방법으로 찾아온 축복입니다(7절). 하나님의 은혜는 이처럼 넉넉합니다. 성경은 하나님의 말씀을 정말 하나님의 말씀대로 믿고 따르는 자에게 이처럼 넘치도록 풍성하게

은혜를 베푸신다는 진리를 우리에게 보여줍니다. 말라기 선지자도 하늘 문을 열고 복을 쏟아 부어주시는 하나님을 강조합니다(3:10). 저희 지구촌교회가 요한계시록의 빌라델비아 교회를 롤 모델로 삼는 것도 성경의 그와 같은 강조점을 적극적으로 따르기 위함입니다. 하늘의 축복 문이 활짝 열린, 하나님께서 즐겁게 내려주시는 은혜와 축복을 넘치도록 받는 인생으로 살기 위함입니다.

"내 잔이 넘치나이다."

다윗은 하나님의 풍성한 은혜를 맛보고 "내 잔이 넘치나이다"라고 노래하였습니다(시편 23:6). 다윗은 아무것도 없는 황량한 들판을 기약 없이 떠도는 중에도 하나님의 넘치도록 풍성한 공급하심을 생생하게 체험했습니다. 사도 바울도 핍박과 고난의 선교현장에서 하나님의 풍성한 은혜 체험을 "하나님께서 자기의 풍성하심을 따라 우리에게 필요한 것을 모두 채워주실 것입니다"라는 말씀으로 간증합니다(빌 4:19). 우리가 구하거나 생각하는 그 이상으로 넘치도록 응답하신다고 증거 합니다(엡 3:20). 사도 요한도 바울과 동일하게 주님의 넘치는 돌보심을 증거 합니다(요 10:10).

본문의 시작과 결말은 대칭적입니다. 가난으로 시작하여 풍요로움으로 끝납니다. 극빈으로 시작하여 넘치는 풍성함으로 끝납니다. 슬픔과 절망으로 시작하여 기쁨과 소망으로 끝납니다. 빈 그릇으로 시작하여 가득차고 넘치는 그릇으로 끝납니다.

본문에 다시 주목해봅시다. 누가 이처럼 풍요로운 결말의 이적을 체험하였습니까? 하나님께 순종하고 헌신한 가정입니다. 이 여인은 두 아들을 시켜 이웃집에 가서 모든 빈 그릇을 많이 빌려왔습니다. 여기에 중요한 메시지가 담겨 있습니다. 이 여인의 집에도 빈 그릇이 있었고, 이웃집에도 빈 그릇이 있었습니다. 이 여인의 집뿐만 아니라 이웃집의 빈 그릇을 빌려왔을 때 그 모든 빈 그릇이 이 여인을 복주기 위해 채워졌습니다. 그릇의 주인이 아니라 하나님께 구한 자에게 축복이 주어지고 은혜가 넘치는 것입니다. 하나님께 구하는 자에게 복을 주시기 위해 다른 사람의 그릇을 사용하십니다. 하나님께 구하는 자가 받습니다. 우리를 죄인으로 보시지 않고 자녀로 삼아 넘치도록 은혜를 베풀고 돌보아주시는 하나님을 의지하시기 바랍니다.

7장

하나님께서 감동하시는 헌신

열왕기하 4:8~17

⁸하루는 엘리사가 수넴에 이르렀더니 거기에 한 귀한 여인이 그를 간권하여 음식을 먹게 하였으므로 엘리사가 그 곳을 지날 때마다 음식을 먹으러 그리로 들어갔더라 ⁹여인이 그의 남편에게 이르되 항상 우리를 지나가는 이 사람은 하나님의 거룩한 사람인 줄을 내가 아노니 청하건대 ¹⁰우리가 그를 위하여 작은 방을 담 위에 만들고 침상과 책상과 의자와 촛대를 두사이다 그가 우리에게 이르면 거기에 머물리이다 하였더라 ¹¹하루는 엘리사가 거기에 이르러 그 방에 들어가 누웠더니 ¹²자기 사환 게하시에게 이르되 이 수넴 여인을 불러오라 하니 곧 여인을 부르매 여인이 그 앞에 선지라 ¹³엘리사가 자기 사환에게 이르되 너는 그에게 이르라 네가 이같이 우리를 위하여 세심한 배려를 하는도다 내가 너를 위하여 무엇을 하랴 왕에게나 사령관에게 무슨 구할 것이 있느냐 하니 여인이 이르되 나는 내 백성 중에 거주하나이다 하니라 ¹⁴엘리사가 이르되 그러면 그를 위하여 무엇을 하여야 할까 하니 게하시가 대답하되 참으로 이 여인은 아들이 없고 그 남편은 늙었나이다 하니 ¹⁵이르되 다시 부르라 하여 부르매 여인이 문에 서니라 ¹⁶엘리사가 이르되 한 해가 지나 이 때쯤에 네가 아들을 안으리라 하니 여인이 이르되 아니로소이다 내 주 하나님의 사람이여 당신의 계집종을 속이지 마옵소서 하니라 ¹⁷여인이 과연 잉태하여 한 해가 지나 이 때쯤에 엘리사가 여인에게 말한 대로 아들을 낳았더라

Elishah

어떤 목사님이 시골교회 부흥회를 인도했습니다. 교회가 예배당을 건축하고 5천만 원의 부채가 있는 상황인데도 교인들도 생활이 넉넉하지 않았는지 헌금하겠다고 작정하는 신자가 없었습니다. 그런데 어떤 여성 한 분이 500만 원을 헌금하겠다고 약정했습니다. 시골 교회로서는 큰 헌금이었습니다. 하지만 담임목사님은 그 헌금을 받지 않겠다고 약정을 안 받은 것으로 하겠다고 했습니다. 사연인즉 그 500만 원은 그 여인이 남편으로부터 이혼을 당하고 위자료로 받은 돈이었습니다. 그 여인이 가진 전 재산이었습니다. 모아놓은 돈도 없었고 집안도 매우 가난해서 그 500만 원이 전부였기에 담임목사님은 차마 그 돈을 받을 수 없다고 했던 것입니다. 그런데도 그 여인은 기필코 헌금을 하겠다고 고집을 부렸습니다. 자신의 전부를 주님께 드리고 싶다는 것이었습니다. 부흥강사와 담임목사님은 그 진실한 마음에 어쩔 수 없이 헌금을 받기로 하고 두 목사님은 있는 힘껏 축복해주었습니다.

  2년 쯤 지난 후 부흥강사 목사님이 어느 지방도시에 가서 부흥회를 인도했습니다. 그 교회 장로님 중 한 분이 부인과 사별하여 홀로 지내던 중에 이 부흥강사 목사님께 믿음 좋은 배필감을 소개해달라고 부탁하였습니다. 그때 2년 전에 집회를 인도했던 그 여인이 생각나서 그 시골교회에 연락해보았더니 그 여인은 이미 일거리를 찾아 도시로 떠난 뒤였습니다. 그래서 장로에게는 기도하며 기다려보라고 하고는 그 시골교회에게 수소문하여 찾아보라고 했습니다. 몇 달 뒤에 연락이 닿아 장로와 그 여인을 만나게 했더니 장로는 아주 흡족해 했습니다. 두 분이 행복한 믿음의 가정을 꾸렸습니다.

그 여자 집사님은 부흥강사 목사님의 주선으로 장로님과 결혼하여 행복하게 살고 있다고 합니다. 이혼 위자료로 받은 500만 원이 그 여인에게 참된 소망의 근거가 아니었던 것입니다. 그 여인은 돈을 붙잡지 않고 하나님을 붙잡았습니다. 인생의 새로운 전환을 불러온 것은 하나님을 감동시키는 헌신이었습니다. 하나님을 감동시키는 헌신은 놀라운 기적의 은혜로 돌려받습니다.

열왕기하 4장의 두 번째 사건은 엘리사가 수넴이라는 동네를 지나다 만난 한 여인을 소개합니다. 수넴은 아브라함이 이삭을 바쳤던 모리아 산자락에 위치하고 있습니다. 비록 이름을 언급하지 않지만 성경은 우리에게 이 여인을 특별히 주목하라고 요구합니다. 성경은 이 여인을 '귀한 여인'이라는 수식어를 붙여주었습니다. 이 단어는 신분상 높은 지위에 있는 '귀부인'이나 '현숙한 여인,' '리더십이 있는 여인,' '영향력 있는 여인,' '부유한 여인,' '존귀한 여인'을 가리킵니다. 하지만 성경에 많은 여인들이 등장하지만 '귀한 여인'이라는 평가와 함께 소개하는 여인은 드뭅니다. 훌륭한 인품과 덕성을 겸비한 여인임에 틀림없습니다.

수넴 여인의 신앙과 인격은 이스라엘의 영적 지도자 엘리사의 사역을 잘 돕고 섬기는 모습에서 우리에게 큰 감동을 줍니다. 그야말로 가장 이상적인 섬김의 표본을 보여줍니다. 이 여인의 섬김과 헌신에 엘리사 선지자뿐만 아니라 하나님께서도 큰 감동을 받으셔서 그 가정에 기적의 은총을 축복하신 것입니다. 자식이 없던 가정에 생명의 기적을 베풀어주셨습니다. 오늘날 우리 헌신의 목표는 하나님을 감동시키는 것이어야 합니다. 하나님께서 감동하시고 즐거워하시는 헌신이 되기 위해서는 진정 우리가 어떻게 섬기고 헌신해야 하는가? 그 원리를 수넴 여인 기사로부터 배우도록 합시다.

성실한 헌신

수넴 여인은 엘리사 선지자를 성심성의껏 섬겼습니다. 8절에 보면 한두 번이 아닙니다. 선지자가 자기 동네를 지날 때마다, 자발적으로, 즐거운 마음으로, 한결같이, 정중하게 온 정성을 다해 모셨습니다. 일편단심이라고 할 정도였습니다. 10절에 보면, 깊은 기도생활, 말씀연구에 불편이 없도록 하기 위해 그토록 최선을 다한 것입니다. 단지 수넴 여인의 인간적 본성에 바탕을 둔 것이 아니라 하나님을 향한 훌륭한 영성에서 우러나온 헌신이있습니다. 엘리사가 조금도 불편 없이 하나님의 뜻에 순응하고 더 깊은 영성을 가지고 하나님과 이스라엘 백성을 위해 사역하도록, 엘리사와 힘께 하고 엘리사를 돕기 위한 최신의 노력이있던 것입니다.

구체적으로 어떻게 엘리사를 섬겼는가를 봅시다. 우선 엘리사 선지자가 목회생활에 전혀 방해받지 않도록 자기 집 옥상에 별실을 만들어드립니다. 출입이 자유롭도록 외부계단을 내고, 침대와 책상, 의자, 등잔 등 엘리사의 목회사역에 필요한 모든 것을 제공합니다. 모든 편의시설을 다 갖추어드린 것입니다. 방도 전망이 좋은 방향으로 만들어 드렸을 것입니다. 그래서 지금도 그 방을 '예언자의 방' the prophet's room라고 부릅니다.

참된 헌신은 성실함에서 나옵니다. 성실하니까 꼼꼼하게 챙기고 세심하게 배려합니다. 자기가 보기에 좋은 정도가 아니라 상대방을 중심으로, 상대방이 목적을 제대로 성취할 수 있는가를 깊이 생각하면서 배려합니다. 자기감정이나 기분에 따라 변덕부리지 않고, 목적을 충분히 달성할 때까지 일편단심 성실하게 섬깁니다. 성경은 이런 사람을 향해 아름답게 축복합니다.

"우리 주 예수 그리스도를 변함없이 사랑하는 모든 자에게 은혜가 있을지어다." (엡 6:24)

순수한 헌신

인위적인 장식물보다는 한 송이 야생화가 순수하고 깊은 감동을 줍니다. 때 묻지 않은 청순함은 그 자체로 깊은 감동을 줍니다.

가까이 할수록 즐거움을 줍니다. 인간의 자연적 본성은 부패하였지만 거듭난 신자의 새 생명은 하나님의 새로운 창조의 작품입니다. 세상의 때가 묻지 않은 청순함을 간직하며 꽃을 피우고 온전히 열매를 맺고 자랄 때 창조주 하나님께서 감동하며 즐거워하실 것입니다.

엘리사 선지자는 수넴 여인을 거듭해서 만나보고 여러 번 대접을 받으면서 그 여인의 진심과 영성을 잘 알게 되고 하나님을 향한 그 순수한 헌신에 깊은 감동을 받았습니다. 그래서 그의 세심한 섬김과 배려에 감사하여 그에게 보상해주려고 불렀습니다. 엘리사는 수넴 여인에게 왕이나 장관에게 청탁을 넣어 도와줄 수 있다고 말했습니다. 그런데 엘리사가 이런 제의를 한 것이 별다른 의미가 없었더라도 그 자체가 수넴 여인의 본심을 드러내게 하는 하나의 시험이었습니다. 수넴 여인은 세속적인 욕심을 이루기 위해 이 기회를 붙잡고 적극 활용할 수도 있었습니다. 그런데 수넴 여인의 대답은 그 영성이 얼마나 순수한지를 그대로 드러내었고, 따라서 그 자체가 감동을 줄만한 것이었습니다.

"……나는 내 백성 중에 거주하나이다" (왕하 4:13)

나는 하나님의 백성들 가운데 거하는 하나님의 백성입니다. 세상에서 부족한 것이 무엇이 있겠습니까? 그것만으로도 너무나 감사하여, 하나님의 사자인 당신이 하나님 나라 백성을 세우는 일을 잘 할 수 있도록 섬기는 일은 너무나 당연합니다. 그런 의미입니다. "저는 지금 더 바랄 것이 없을 정도로 행복합니다. 만족합니다. 더 구할 것이 없습니다." 수넴 여인은 정말 사심이 없었습니다. 전혀 흑심을 품지 않고 단지 하나님을 섬길 뿐이었습니다. 자기를 들어내지 않았습니다. 조용히 섬기고 소리 없이 헌신했습니다. 헌신, 그 이외에는 딴 생각이 없었습니다. 그야말로 조건 없이 순수하게 섬겼습니다. 헌신 자체를 행복으로 여긴 것입니다.

그런데 어떤 사람은 자기 나름대로 섬기기는 하는데 여러 사람을 피곤하게 합니다. 섬기고 수고하는 것이 고맙기는 하지만 오히려 힘들게 만들고 부담스럽게 만드는 사람이 있습니다. 주변 사람을 귀찮게 합니다. 또 어떤 사람은 너무 속보이게 섬깁니다. 순수하지 않습니다. 어떤 흑심이나 야심을 가지고 활동을 합니다. 진정한 의미에서 헌신이라기보다는 정치적으로 활동하는 것입니다. 계산적으로 일합니다. 이기적이고 계산적으로 일하는 사람도 나름대로는 자신이 헌신한다고 생각하고 열심히 성의를 다한다고 하지만 그것은 아무리 좋게 말해도 '투자'에 불과한 것입니다. 은행 금리보다 좀 더 받을 수 있다고 생각해서, 원금과 이자를 돌려받을 생각으로 투자한 것에 불과합니다. 이런 경우, 받은 사람에겐 그 받은 것이 채무에 불과합니다. 원하는 만큼 채워주지 않으면 화를 낼 것이 뻔히 보이는데 감동하겠습니까? 사람도 눈치가 있으면 뻔히 들여다볼 수 있는 것을 하나님께서 왜 못 보시겠습니까? 열심히 섬기는 자세가 아니라 순수한 섬김에 감동하는 것입니다.

하나님은 순수하게 섬기는 자를 기뻐하십니다. 순전한 자를 사랑하십니다. 주님은 깨끗한 그릇을 귀하게 쓰십니다. 순수한 마음, 순전한 사랑, 깨끗하고 정갈함은, 하나님께서 우리의 본성과 성품을 새롭게 하시는 목표이기 때문입니다. 하나님의 뜻이 이뤄졌기 때문에 하나님을 즐겁게 해드리는 것입니다. 하나님을 향해 뜨겁고 열렬히 헌신합시다. 하지만 헌신하는 동안에도 정말 우리의 헌신을 순수하고 맑은 헌신이 될 수 있도록 끊임없이 돌아보며 그 순수성을 지켜내야 합니다. 우리의 마음과 헌신을 사심 없이 만들어 주는 하나님의 은혜를 더욱 간절히 사모해야 합니다. 그리하여 수넴 여인처럼 하나님께서 "귀하고 귀하다"라고 감탄하는 존귀한 자가 되십시오.

가족이 함께 하는 헌신

수넴 여인의 헌신은 자기 혼자서만 열심히 순수하게 헌신하였다는 데 있지 않습니다. 현숙한 여인은 남편을 세우는데, 이 여인이 그렇습니다. 자신의 남편도 함께 헌신하도록 합니다. 그리하여 남편도 복을 받게 합니다. 그런데 이 여인의 현숙함은 남편을 헌신자로 만드는 방법입니다. 억지로 하게 하거나, 명령조로 하게 하거나, 원망이 생기는 방법이 아닙니다. 먼저 남편의 마음을 진정으로 감동하게 만듭니다. 남편의 마음을 먼저 하나님께 집중하게 하고, 하나님을 존중하는 마음을 일깨워 하나님께서 쓰시는 사람을 존중하도록 만들었습니다. 얼마나 지혜롭고 아름다운 태도입니까?

> "여인이 그의 남편에게 이르되 항상 우리를 지나가는 이 사람은 하나님의 거룩한 사람인 줄을 내가 아노니 청하건대 우리가 그를 위하여 작은 방을 담 위에 만들고 침상과 책상과 의자와 촛대를 두사이다 그가 우리에게 이르면 거기에 머물리이다 하였더라"(왕하 4:9-10)

수넴 여인은 자신이 아는 것, 자신의 깨달음이 남편을 앞섰고 남편보다 뛰어났지만 결코 남편을 끌고 가지 않습니다. 진정한 주도권은 여전히 남편에게 있음을 인정하고 남편에게 '청한다'는 자세를 견지합니다. 남편의 결정권을 존중합니다. 아무리 수넴 여인이 열심히, 순수하게 엘리사를 섬기려고 결심할지라도 집안의 가장이 기뻐하지 않고 동의하지 않으면 실제로 행동에 옮길 수도 없었을 것입니다. 억지로 방과 세간을 마련했더라도 엘리사는 잔뜩 찌푸린 가장의 얼굴을 보고 불편했을 것입니다. 수넴 여인은 먼저 남편에게 엘리사가 어떤 존재인지 자신들이 무엇을 해야 할지 깨우침을 주면서도 남편의 마음이 즐겁게 열리도록 합니다.

수넴 여인은 남편에게 엘리사 선지자를 '하나님의 거룩한 사람'

이라고 호칭하여 남편이 주목하도록 합니다. 남편으로 하여금 엘리사에게 주목할 뿐만 아니라 남편의 신앙과 자세도 '거룩'하게 만드는 효과적이며 매력적인 어휘선택입니다. 그러므로 결국 엘리사가 감동하고 주목한 수넴 여인의 헌신은 실제로는 그 여인 혼자서가 아니라 남편과 함께 온 가정이 온전히 인정받고 상을 받은 헌신이 되었습니다. 잠언은 이와 같은 여인을 '현숙한' 여인이며 '보석보다 귀한 여인'이라고 합니다.

"누가 현숙한 여인을 찾아 얻겠느냐 그의 값은 진주보다 더 하니라" (잠 31:10)

"집과 재물은 조상에게서 상속하거니와 슬기로운 아내는 여호와께로서 말미암느니라" (잠 19:14)

믿음의 여인은 현숙함과 슬기로움을 갖춰야 마땅하다고 성경은 말하고 있는 것입니다. 좋은 믿음은 현숙함을 통해 열매를 맺을 때 하나님께서 기쁨으로 상을 넘치도록 주실 것입니다. 온 가족에게 빠짐없이 복을 주실 것입니다.

하나님 중심의 헌신

교회의 봉사는 단순한 활동이 아닙니다. 하나님의 일을 하는 것입니다. 그래서 최근에는 '사역'이라는 좋은 단어를 씁니다. 영어로 '미니스트리' Ministry라고 합니다. 하나님을 위한 종이 되어 일하는 것입니다. 수넴 여인의 섬김은 그 중심에 능력을 가진 선지자 '엘리사를 세운 섬김'이 아니라 '하나님을 근본적 중심에 세운 섬김'이었습니다. 헌신의 기본 전제가 분명하였고 올바른 것이었습니다.

본문 9절을 봅시다. 그는 엘리사를 '하나님의 거룩한 사람'이라고 호칭합니다. 이런 칭호는 구약성경에서 여기밖에 없습니다. 아무도 이렇게까지 불러준 사람이 없습니다. 모세나 사무엘, 엘리야 선지자에게 붙여진 호칭도 모두 '하나님의 사람'입니다. 그런데 이 여인은 엘리사를 '하나님의 거룩한 사람'이라고 칭합니다. 엘리사에게 붙인 '거룩한'이라는 수식어는 '하나님의'라는 수식어로 인해 그 여인의 초점이 엘리사가 아니라 더 높은 곳에 계신 하나님께 두었다는 사실을 분명하게 드러냅니다. 하나님을 얼마나 높였는지를, 엘리사를 지칭하는 말에서 명확하게 나타납니다. 특히, 이 여인과 함께 생활하는 남편은 그녀가 언급하는 '하나님의 거룩한'이라는 말을 통해 자기 아내가 진정 무엇을 느꼈는지, 왜 철저하게 섬겨야 하는지에 관해 무언의 동의를 하고 순순히 따릅니다.

수넴 여인의 평소 신앙이 얼마나 고결했는지를 드러내는 상황

증거입니다.

　본문 12절에 보면, 엘리사 선지자가 준비된 방에 누워보더니 그 세심한 배려와 지극한 헌신을 즉시 알아보고는 수행하는 종 게하시를 시켜 이 여인을 불렀습니다. 부름을 받고 온 여인은 엘리사 앞에 섰습니다. 여기에서 '섰다'라고 번역된 히브리 단어는 '아마드'עמד입니다. 이 단어와 번역에 주의해야 하는 까닭은 이 단어는 불렀으니 당연하게 그 앞으로 와서 섰다는 '무미건조'한 의미의 단어가 아니기 때문입니다. 마치 신하가 자신의 주인인 왕 앞에 부름을 받고 달려와서 충성과 복종을 다 할 결심을 하고 명령을 대기하는 마음가짐과 자세를 가리키기도 하는 단어이기 때문입니다. 부름을 받아 달려온 수넴 여인은 당당한 집주인으로, 사람의 할 도리를 다했으니 이제 내가 칭찬을 받아야 한다는 자세가 아니라 무엇이 더 부족한가 라고 생각하면서 불안한 마음으로 달려와 엎드려 주인이 무엇이든 시킨다면 주인을 위해 신명을 다하겠다는 자세로 달려와 대기하는 자세를 취한 것입니다.

　'아마드'라는 히브리 단어가 등장하는 유명한 장면이 창세기 18장에 있습니다. 아브라함이 마므레 상수리 수풀 근처에 있다가 소돔과 고모라를 멸망시키려고 가던 세 천사를 만나 급히 사라와 함께 섬길 때 아브라함과 사라의 자세를 가리키는 용어로 사용됩니다.

"아브라함이 엉긴 젖과 우유와 하인이 요리한 송아지를 가져다가 그들 앞

에 차려 놓고 나무 아래에 모셔 서매 그들이 먹으니라"(창 18:8)

이 장면에서 '아마드'를 '모셔 서매' 마치 집주인이 종의 자세를 취해 귀빈 옆에서 식사시중을 드는 것처럼 하였다는 뜻입니다. 수넴 여인은 아브라함과 사라가 세 천사를 모셔 서는 그 경건하고 겸허한 자세로 엘리사의 하명을 대기하는 모습이었다는 것입니다.

엘리사는 자신을 위해 세심하게 준비한 방에 감동을 하였고, 이제는 그 자세에도 깊이 감동하였습니다. 그래서 "네가 이같이 우리를 위하여 세심한 배려를 하는도다"(13절)라고 칭찬합니다. 여기에서 '세심한 배려를 한다'는 히브리 단어는 '하라드' חָרַד 입니다. '경건한 존중심'으로 신경을 썼다는 의미입니다. '하라드'라는 단어를 연거푸 붙여서 강조적으로 사용합니다. '극도로' 혹은 '철저히'라는 의미가 더 첨부되었다고 보면 됩니다. 수넴 여인이 얼마나 철저하게 하나님 중심이었는지를 보여줍니다.

엘리사가 그 철저성에 감동하였다는 것은 수넴 여인의 소원이 무엇인지를 단 한 차례만 묻고, 그 대답을 통해 여인의 진정성을 확인하고는 다시 묻지 않은 것입니다. 그 대신에 게하시를 통해 그 집안 사정과 어려움을 알아보도록 합니다. 그 여인과 남편에게 가장 절실한 아쉬움이 무엇인지를 알아오도록 합니다. 그래서 아직 자식이 없다는 것을 알고는 그 가정에 자식을 달라고 엘리사는 하나님께 간절히 기원합니다. 그 기도가 얼마나 길었을지를 생각하기 보다는 엘리사 선지자가 그 마음에 얼마나 진실 되고 얼마나 간절하고 감동적으로 기도하였을지를 생각해야 합니다. 자식 없음을 아신 하나님께서 자식을 주셨다가 아니라 하나님께서 얼마나 즐거운 마음으로 주시고, 엘리사가 얼마나 감동하여 기원하였을지를 생각할 수 있어야 합니다. 우리 헌신의 중심에 하나님을 두고 하나님을 감동시키기 위해 헌신해야 합니다. 하나님께서 감동하여 즐거워하시는 것이 우리 인생의 최고, 유일한 목적이 되어야 합니다.

8장

안정된
믿음의
위력

열왕기하 4:17~37

17여인이 과연 잉태하여 한 해가 지나 이 때쯤에 엘리사가 여인에게 말한 대로 아들을 낳았더라 18그 아이가 자라매 하루는 추수꾼들에게 나가서 그의 아버지에게 이르렀더니 19그의 아버지에게 이르되 내 머리야 내 머리야 하는지라 그의 아버지가 사환에게 말하여 그의 어머니에게로 데려가라 하매 20곧 어머니에게로 데려갔더니 낮까지 어머니의 무릎에 앉아 있다가 죽은지라 21그의 어머니가 올라가서 아들을 하나님의 사람의 침상 위에 두고 문을 닫고 나와 22그 남편을 불러 이르되 청하건대 사환 한 명과 나귀 한 마리를 내게로 보내소서 내가 하나님의 사람에게 달려갔다가 돌아오리이다 하니 23그 남편이 이르되 초하루도 아니요 안식일도 아니거늘 그대가 오늘 어찌하여 그에게 나아가고자 하느냐 하는지라 여인이 이르되 평안을 비나이다 하니라 24이에 나귀에 안장을 지우고 자기 사환에게 이르되 몰고 가라 내가 말하지 아니하거든 나를 위하여 달려가기를 멈추지 말라 하고 25드디어 갈멜 산으로 가서 하나님의 사람에게로 나아가니라 하나님의 사람이 멀리서 그를 보고 자기 사환 게하시에게 이르되 저기 수넴 여인이 있도다 26너는 달려가서 그를 맞아 이르기를 너는 평안하냐 네 남편이 평안하냐 아이가 평안하냐 하라 하였더니 여인이 대답하되 평안하다 하고 27산에 이르러 하나님의 사람에게 나아가서 그 발을 안은지라 게하시가 가까이

와서 그를 물리치고자 하매 하나님의 사람이 이르되 가만 두라 그의 영혼이 괴로워하지마는 여호와께서 내게 숨기시고 이르지 아니하셨도다 하니라 28여인이 이르되 내가 내 주께 아들을 구하더이까 나를 속이지 말라고 내가 말하지 아니하더이까 하니 29엘리사가 게하시에게 이르되 네 허리를 묶고 내 지팡이를 손에 들고 가라 사람을 만나거든 인사하지 말며 사람이 네게 인사할지라도 대답하지 말고 내 지팡이를 그 아이 얼굴에 놓으라 하는지라 30아이의 어머니가 이르되 여호와께서 살아 계심과 당신의 영혼이 살아 계심을 두고 맹세하노니 내가 당신을 떠나지 아니하리이다 엘리사가 이에 일어나 여인을 따라가니라 31게하시아 그들보다 앞서 가서 지팡이를 그 아이의 얼굴에 놓았으나 소리도 없고 듣지도 아니하는지라 돌아와서 엘리사를 맞아 그에게 말하여 아이가 깨지 아니하였나이다 하니라 32엘리사가 집에 들어가 보니 아이가 죽었는데 자기의 침상에 눕혔는지라 33들어가서는 문을 닫으니 두 사람 뿐이라 엘리사가 여호와께 기도하고 34아이 위에 올라 엎드려 자기 입을 그의 입에, 자기 눈을 그의 눈에, 자기 손을 그의 손에 대고 그의 몸에 엎드리니 아이의 살이 차차 따뜻하더라 35엘리사가 내려서 집 안에서 한 번 이리 저리 다니고 다시 아이 위에 올라 엎드리니 아이가 일곱 번 재채기 하고 눈을 뜨는지라 36엘리사가 게하시를 불러 저 수넴 여인을 불러오라 하니 곧 부르매 여인이 들어가니 엘리사가 이르되 네 아들을 데리고 가라 하니라 37여인이 들어가서 엘리사의 발 앞에서 땅에 엎드려 절하고 아들을 안고 나가니라

Elishah

정신건강에 대하여 세계적인 석학이요 전문가인 데이비드 핑크 David Pink 박사는 「안정을 위한 4박자 균형」이라는 논문을 써서 많은 사람에게 큰 감명을 주었습니다. 그 핑크 박사의 주장은 우리가 안정된 삶을 누리기 위해서는 네 가지 요소가 균형을 잡아야 한다는 것으로 요약됩니다. 첫째, 정치적 안정, 둘째, 경제적 안정, 셋째, 사회적 안정, 넷째가 정신적 안정입니다. 요즘에는 사회적 안정을 관계적 안정이라고도 말합니다. 인간관계의 성숙도에 따라서 안정된 삶이 가능해집니다. 그러나 모든 요소의 근본바탕이 되는 것은 넷째인 정신적 안정입니다. 그러므로 정신적 안정은 네 번째로 열거되었지만 최우선적으로 확보해야 할 가장 중요한 것입니다. 공부하는 학생도 정신적으로 안정되지 않으면 자기 실력을 다 발휘할 수 없고, 사업을 하는 분이나, 또 과학을 하는 분들까지도 정신적 안정이 없으면 효율성이나 창의력이 제대로 작용하지 못합니다. 모든 것 중에 가장 근본적이고 우선적인 것이 정신적 안정입니다.

그런데 진짜 중요한 문제는 정신적 안정이 최우선 중요성을 가진다는 사실에 있는 것이 아닙니다. 그 정신적 안정을 어디에서, 어떻게 확보할 수 있는가가 실은 본질적으로 중요한 질문입니다. 사람은 영혼이 있는 영적 존재이기 때문에 사람의 정신적 안정은 영적 안정 없이는 있을 수 없다는 것은 너무나 당연합니다. 정신적 안정은 '신앙적 안정' 혹은 '영적 안정' the Spiritual Well-Being이라고 해야 할 것입니다. 따라서 사람은 '내면의 평안'을 얻어야 균형 잡힌 안정된 삶을 영위할 수 있습니다.

전문가들의 분석에 의하면, 영적으로 안정된 사람일수록 더 큰 자제력을 발휘합니다. 또한 더 높은 자존감과 더 큰 희망을 품고 살아갑니다. 반대로 영적 안정도가 낮은 사람들일수록 우울증과 스트레스, 정서적 질환이 많습니다. 그래서 공격적이 되고, 사람들과 갈등을 많이 일으킨다고 합니다. 따라서 영적 안정도가 높은 사람들일수록 자신감이 있고, 긍정적이며 남들에게 도움도 더 쉽게 요청할 수 있다고 합니다. 이런 사실을 요한삼서 2절은 압축적으로 보여줍니다.

"사랑하는 자여 네 영혼이 잘됨같이 네가 범사에 잘되고 강건하기를 내가 간구하노라"

성경은 영혼이 건강하고 잘 되는 것이 모든 일이 잘되는 것의 기초임을 분명히 제시합니다. 영혼이 잘되기 위해서는 무엇보다도 믿음이 있어야 합니다. 흔들림 없는 믿음이 확보되어야 영혼도 흔들림이 없는 법입니다. 그래야 어떤 혼란이 닥쳐와도 안정되고 위력이 넘치는 삶을 살 수 있을 것입니다. 이사야 선지자도 이런 사람의 모습을 제시합니다.

"주께서 심지가 견고한 자를 평강하고 평강하도록 지키시리니, 이는 그가 주를 신뢰함이로다" (사 26:3)

우리나라의 핍절한 역사에서 이러한 안정된 영성을 가진 분을 꼽으라면 백범 김구 선생의 어머니 곽낙원 여사를 들 수 있습니다. 곽낙원 여사는 단지 백범 김구 선생을 낳았기 때문에 백범 때문에 존경을 받는 분이 아니고 곽 여사 자신이 여성 독립 운동가로서, 독립운동의 정신적 지주로서, 큰 어른으로 존경받는 인물이기도 합니다. 호랑이가 호랑이를 낳아 길러냈듯이 곽낙원 여사이기에 백범을 길렀다고 보시면 될 정도입니다.

곽낙원 여사는 150cm도 안 되는 평범한 아낙네로 쉬운 한글 몇 자와 아라비아 숫자를 읽을 정도로 배운 것이 없었습니다. 그럼에도 대한민국 '임시정부의 어머니'로 존경을 받았습니다. 특히 사람들이 민족 독립운동을 하면서 어려운 정황에 부딪칠 때마다 든든한 정신적 지주가 되어 주었습니다. 역사가들의 말처럼 그는 '단구의 거인'이었습니다. 인천 대공원 백범광장에 백범동상 옆에 세워진 동상에서 그 작은 키를 확인하실 수 있습니다. 무엇보다도 믿음의 어머니로 교회에서 권사였고, 아들의 독립운동을 평생 기도로 후원 하였습니다.

"하나님이시여! 우리나라가 독립하여 정부가 생기면 이 김구로 하여금 그 정부청사의 뜰을 쓸고 유리창을 닦는 일을 하게 해주소서."

이처럼 백범 김구에게는 기도하는 어머니가 계셨기 때문에 그 역시 평생을 신앙적 확신과 기도의 힘으로 살아갔던 것입니다. 어머니의 신앙을 본받아 주일 성수에 기도생활에 힘썼습니다. 한 마디로 어머니 곽낙원 권사님은 아들에게 대범하면서도 침착한 영적 안정감을 주었습니다. 그리하여 그는 단순히 김구 선생의 어머니가 아니라, 아들 김구를 민족의 지도자로 키워낸 영적 지도자라고 존경받고 있습니다. 어머니의 안정된 믿음과 영성이 아들을 위인 되게 한 것입니다.

리더십에서 강조하는 요소 중 하나가 곧 안정감입니다. 안정감이 없는 자일수록 다른 사람들에게 안정감을 느끼게 할 수 없습니다. 오히려 불안하게 합니다. 긴장하게 만듭니다. 그래서 그 사람의 안정감을 첫인상이라고도 합니다. 첫인상이 참 중요합니다. 첫인상은 10초 안에 결정되지만, 그 첫인상을 바꾸는 데는 10년 걸릴 수도 있습니다. 여하튼 성공적인 신자일수록 안정된 믿음으로 살아갑니다. 인격의 내면에 안정감이 있습니다. 안정감이 없는 만큼 '불안감'을 가집니다. 그래서 주님은 우리에게 "안심하라"고 격려하십니다. 주를 믿는 자들, 하나님의 자녀들에게는 불안해야 할 이유가 없습니다.

갈릴리 바다 한복판에서 노도광풍을 만난 제자들과 베드로에게도 안심하라고 하셨습니다. 베드로전서 3장 4절에서는 하나님이 보시기에 고귀한 믿음의 사람은 안정된 마음을 가진 자라고 강조합니다. 하나님은 안정된 믿음을 기뻐하십니다.

앞에서 살펴본 대로 수넴 여인은 신앙과 인격이 고결한 귀부인입니다. 순수한 신앙으로 하나님을 섬겼기에 하나님께서 아들을 주는 것으로 응답하셨습니다. 또한 본문에서처럼 죽은 아들을 다시 살려주는 이적을 베풀어주셨습니다. 즉, 없는 아들을 얻게 하실 뿐만 아니라 잃은 아들도 다시 찾아주십니다.

본문이 보도하는 기사는 복잡한 것 같으나 아주 단순합니다. 수넴 여인이 엘리사의 축복기도를 통해 기적적으로 얻은 아들은 잘 자랐습니다. 아마도 대여섯 살 이상은 된 것 같습니다. 그래서 어느 날 아빠가 일하고 있는 옥수수 밭에 심부름을 갔습니다. 밭에서 일하는 아저씨들과 어울려 놀기도 했습니다. 그러다가 갑자기 머리가 아프다고 칭얼대기 시작했습니다. 들판에서 일사병에 걸린 것 같습니다. 상태가 좋지 않은 것 같아 집으로 돌려보냈습니다. 집에 돌아온 그는 엄마 무릎에 앉아서 끙끙 앓다가 그냥 죽었습니다. 한순간에 벌어진 어이없는 사건이었습니다. 아이가 출생하기까지는 1년이 걸렸고 몇 년에 걸쳐 애지중지 키웠는데 죽는 데는 하루도 걸리지 않았습니다. 믿겨지지 않는 현실이었습니다.

이런 청천벽력 같은 정황에서도 수넴 여인은 놀라우리만큼 안정된 태도를 보여줍니다. 믿음이 안정된 영성을 근간으로 하였다는 증거입니다. 수넴 여인은 죽은 아들을 엘리사 선지자의 침대 위에 뉘어놓고 방문도 닫아놓습니다. 아무도 알아차리지 못하도록 조치한 것입니다. 그리고는 들녘에서 일하는 남편에게 나귀와 일꾼을 보내달라고 하여 사마리아 지역에 머물고 있는 엘리사 선지자를 황급하게 찾아갔습니다. 특히, 어린 아들이 죽었는데도 남편이 전혀 눈치 채지 못하도록 자신의 마음을 잘 다스리는 안정된 신앙을 보여줍니다. 깊은 호수 같은 영성입니다. 수넴 여인은 25km나 떨어진 사마리아의 갈멜 산까지 단숨에 달려가서 엘리사 선지자를 자기 집에 모셔왔고, 엘리사는 죽은 아들을 살려냈습니다. 자기 목숨보다 소중한 아이가 자기 품에서 죽었습니다. 그런 상황에서 정말 단호하고 흔들림 없이, 꼭 필요한 행동을 했습니다. 얼마나 본받을만한 자세입니까? 그러면 이 기사를 통해 무엇을 어떻게 배워야 우리도 안정된 믿음을 갖게 될까요?

하나님부터 찾음

수넴 여인은 어린 아들이 갑자기 죽었을 때, 결코 안절부절 못하며 당황하지 않았습니다. 본문 21절을 봅시다. 우선 그는 아들을 '하나님의 사람의 침대 위에' 눕힙니다. 본문은 '하나님의 사람의 침대'라는 점을 강조합니다. 두 번째 단계로는 방문을 닫아 놓습니다. 어떤 의미에서는 죽음의 소식이 퍼져나가 뭇사람들의 호기심을 자극하고 입방아를 떨지 못하게 막아놓은 것입니다. 그렇게 아이가 죽었다는 것을 아무에게도 알리지 않고, 25km나 떨어진 갈멜 산까지 쉬지 않고 단숨에 달려갑니다. 아무도 만나지 않습니다. 오직 하나님의 사람을 향해 달려갑니다.

수넴 여인이 갈멜 산에 도착하여 엘리사를 수행하는 종 게하시를 먼저 만났을 때에도 전혀 자신의 슬픔을 내색하지 않습니다. 얼마나 안정된 자세입니까? 본문 26절을 보세요. 대단한 평정심입니다. 오늘 우리에게도 이런 영혼의 고요함과 평안함이 유지되기를 바랍니다. 수넴 여인은 하나님의 사람 엘리사를 만나고 나서야 통곡을 하며 그의 발목을 꽉 붙잡고 애원하기 시작합니다(27절). 창졸간에 자식을 잃은 어머니로서 억장이 무너지는 슬픔을 전혀 못 느꼈던 것이 아니었습니다. 울만한 상대를 붙잡고서야 우는 것입니다. 같이 울어줄 사람이 아니라 자신의 문제를 해결해줄 참된 능력을 가진 자 앞에서 우는 것입니다. 엘리사 앞에서 쏟아놓는 눈물과 통곡은 여느 여인네의 울음이 아니라 깊은 기도입니다. 하나님을 향한 살아 있는 탄원입니다. 하나님을 믿는 자답게 하나님의 사자 앞에서 하나님께 호소하는 면모가 어떤 것인지를 우리에게 보여줍니다.

더구나 자초지종을 다 들은 엘리사 선지자가 조수 게하시를 먼저 보내지만, 그는 엘리사 선지자가 직접 함께 가서 기도해주기를 강청합니다. 30절을 보십시오. 그야말로 불요불굴의 믿음입니다.

이만큼 그는 모든 일에 하나님만을 전적으로 믿고 의지하는 성숙한 신앙인입니다. 오늘 우리도 하나님부터 찾고 의지하는 안정된 믿음의 사람이 되시기를 바랍니다.

하나님의 선하심을 확신

수넴 여인은 아들이 갑자기 죽자. 단순히 슬픔을 앞세우지 않습니다. 지금 당장 해야 할 일을 생각해내고 남편에게 선지자에게 다녀오는데 필요한 것을 침착하게 요구합니다. 남편에게 자초지종을 이야기하지 않고 남편이 어떻게 하기를 기대하지 않습니다. 이미 죽은 아이에게 인간 의사를 불러와봤자 무엇하겠습니까? 사망 진단서 밖에 무엇이 나오겠습니까? 장의사를 불러오겠습니까? 그런 일은 나중에 해도 늦지 않습니다. 죽은 이 아들은 자신과 남편이 소원하여 구하지 않았음에도 하나님께서 주신 선물이며 은혜입니다. 그러므로 사람들의 수준에서 생각하고, 사람들의 수준으로 반응해서는 안 됩니다.

남편이 왜 갑자기 선지자를 만나러 가느냐고 물었을 때 수넴 여인이 대답한 말에 주목하십시오. 그 말을 통해 수넴 여인의 믿음이 그 마음속에서 얼마나 깊고 든든하게 뿌리를 내리고 자랐는가를 알 수 있습니다.

"그 남편이 이르되······ 오늘 어찌하여 그에게 나아가고자 하느냐 하는지 라 여인이 이르되 평안을 비나이다 하니라"(왕하 4:23)

"하나님의 사람이······사환 게하시에게 이르되······너는 달려가서 그를 맞아 이르기를 너는 평안하냐 네 남편이 평안하냐 아이가 평안하냐 하라 하였더니 여인이 대답하되 평안하다 하고"(왕하 4:25-26)

본문 23절을 봅시다. 남편의 질문에 '샬롬' 즉, '평화'라고 대답하는데 '좋은 일'이라는 뜻입니다. 귀한 어린 아들이 갑자기 죽었는데, 이 일이 어떻게 될지 모르는데 남편에게 '좋은 일'이라고 대답합니다. 하나님의 선하심을 확실하게 믿은 것입니다. 그래서 그는 22절에서도 "내가 하나님의 사람에게로 달려갔다가 돌아오겠다"라고 확실하게 말합니다. 그는 가슴 속으로 외치고 있는 것입니다. '내가 죽은 아들을 살려서 돌아올 것입니다.' 그만큼 하나님의 선하심을 확신한 것입니다.

오늘 우리도 인생의 어떤 노도광풍에서도 안정된 믿음으로 하나님의 선하심을 확신할 수 있기를 바랍니다. 하나님은 반드시 좋은 것으로 바꾸어주십니다. 하나님은 오늘도 여전히 모든 것을 선하게 바꾸어주십니다. 합력하여 유익되게 하십니다. 여러분에게 어떤 아픔이 있으십니까? 어떤 가슴 아픈 사연을 안고 살아가십니까? 어떤 눈물을 쏟고 계십니까? 하나님을 진정 믿으십시오. 하나님은 자신의 자녀를 기필코, 반드시 복되게 하십니다. 당신의 뼈아픈 울음이 웃음이 되게 하십니다. 악을 선으로, 화를 복으로, 슬픔을 기쁨으로 바꾸어주십니다. 십자가를 면류관으로 바꾸어주십니다.

오직 하나님께만 맡김

수넴 여인은 억장이 무너지는 청천벽력 같은 상황에서도 마음의 평정을 잘 유지했습니다. 동네에서 사람들을 만나거나, 사마리아에 도착하여 엘리사 선지자의 조수 게하시를 만나도 마음의 평정을 유지합니다. 26절을 자세히 살펴봅시다. 게하시는 엘리사가 시킨대로 남편의 안부를 물으며, 아이의 평안까지 물어도 조금도 흔들리지 않습니다. 마음의 평정을 잘 유지합니다. 조금도 슬프지 않고 전혀 눈물이 나오지 않는 상황에 있는 사람처럼 다가옵니다. 죽은 아이를 끌어안고 하루 종일 대성통곡하며 울고 앉아 있을 상황인데도 내면의 고요한 영성을 잘 유지하는 안정된 믿음의 사람입니다. 모든 것을 오직 하나님께만 맡긴 사람의 모습입니다.

그는 엘리사 선지자를 모시고 집에 도착하였을 때, 또 한 번 가슴이 철렁하는 소식을 듣습니다. 먼저 도착하여 아이가 살아나도록 기도한 게하시로부터 절망적인 보고를 듣습니다. 하나님의 사람 엘리사가 먼저 보낸 이의 기도가 통하지 않았다는 절망적인 소식입니다(31절). 차라리 듣지 않는 편이 더 좋았을지도 모릅니다.

보통 사람이라면 얼마나 실망이 컸겠습니까? 그런데도 수넴 여인은 전혀 요동하지 않습니다. 이런 모습을 요지부동이라고 합니다.

이제는 엘리사 선지자가 직접 방에 들어가 기도하는 중에도 그는 침착하게 기다립니다. 32절부터 36절까지 안정된 믿음으로 기다립니다. 모든 것을 하나님께 전적으로 맡겨놓은 사람의 모습입니다. 고요한 침묵으로 하나님의 역사를 기다리며 인내합니다. 모든 것을 하나님께 맡기고 안정된 믿음으로 기다리며 기대하는 영성의 본보기를 보여주고 있습니다. 하나님의 사람 엘리사의 능력만으로 죽은 아들이 살아나는 역사가 일어난 것이 아닙니다. 수넴 여인의 이처럼 안정된 믿음으로 신뢰하고 인내하며 기다릴 때 죽은 아이가 살아나는 기적을 경험한 것입니다(37절).

어떤 절망적 상황에서도 안정된 믿음으로 살아가시기 바랍니다. 우리가 당면하고 있는 어떤 문제들보다도 하나님의 계획이 더 크고 좋을 줄 믿고 안심해야 합니다.

'하나님께 문제란 없다. 단지 계획만 있을 뿐이다'

God has no problems, but only plans.

그러므로 우리가 우리 능력을 뛰어넘는 문제를 만났을 때 우리가 해야 할 일은 하나님에 대한 신뢰를 유지하고 하나님께 전적으로 맡기는 것입니다. 그러면 하나님께서 역사하십니다. 안정된 믿음으로 하나님부터 찾고, 하나님의 선하심과 계획하심을 확신하고, 하나님께 전적으로 맡기는 법을 배웁시다. 그러면 하나님은 당신의 뼈아픈 울음이 웃음이 되게 하십니다. 당신의 희생을 조금도 헛되게 하지 않고 놀라운 작품으로 바꿔주실 것입니다. 절망적인 상황에 처한 당신을 위대한 승리자가 되게 하십니다. 당신이 하나님께 맡기는 만큼 놀라운 기적을 일으켜주십니다.

'안정된 믿음은 기적의 위력으로 나타난다.'

영적 안정감 평가
The Spiritual Well-Being Scale

A = 과연 그렇다   D = 약간 안 그렇다
B = 보통 그렇다   E = 보통 안 그렇다
C = 약간 그렇다   F = 전혀 안 그렇다

다음 각 문장의 내용이 당신의 개인적인 경험을 어느 정도로 정확히 설명하고 있는지 가장 적절한 답을 골라 그 위에 O표를 해주십시오.

1. 나는 하나님께 개인적으로 기도 드리는 일에 별로 만족하지 못한다.	A B C D E F
2. 나는 내가 누구인지, 어디서 왔는지, 혹은 어디로 가는지 모르겠다.	A B C D E F
3. 나는 하나님이 나를 사랑하시며 나를 돌보아보시는 것을 믿는다.	A B C D E F
4. 나는 인생을 긍정적인 경험으로 생각한다.	A B C D E F
5. 나는 하나님을 비인격적인 존재이시며 나의 일상생활에 관심이 없는 분이라고 생각한다.	A B C D E F
6. 나는 나의 미래에 대해서 안정되어 있음을 느끼지 못한다.	A B C D E F
7. 나는 개인적으로 하나님과 의미 있는 관계를 맺고 있다.	A B C D E F
8. 나는 나의 삶에 대해서 성취감과 만족감을 느낀다.	A B C D E F
9. 나는 하나님께로부터 개인적인 힘과 지원을 별로 받지 못하고 있다.	A B C D E F
10. 나는 나의 삶의 방향에 대해서 안정감을 느낀다.	A B C D E F
11. 나는 하나님께서 나의 문제들에 관심을 갖고 계심을 믿는다.	A B C D E F
12. 나는 삶에서 별로 즐거움을 누리지 못한다.	A B C D E F
13. 나는 개인적으로 하나님과 만족스런 관계를 맺지 못하고 있다.	A B C D E F
14. 나는 나의 미래에 대해서 좋게 느낀다.	A B C D E F
15. 나와 하나님과의 관계에서 하나님은 내가 외로움을 느끼지 않도록 도와준다.	A B C D E F
16. 나는 인생이 갈등과 불행으로 가득 차 있다는 느낌이 든다.	A B C D E F
17. 나는 하나님과 친밀한 교제를 나눌 때 가장 큰 성취감을 느낀다.	A B C D E F
18. 산다는 것은 별 의미가 없다.	A B C D E F
19. 나와 하나님과의 관계는 내가 안정감을 갖는 데 도움이 된다.	A B C D E F
20. 나는 나의 삶에어떤 진정한 의미가 있다고 믿는다.	A B C D E F

9장

넘치도록
풍성한 축복

열왕기하 8:1~6

¹엘리사가 이전에 아들을 다시 살려 준 여인에게 이르되 너는 일어나서 네 가족과 함께 거주할 만한 곳으로 가서 거주하라 여호와께서 기근을 부르셨으니 그대로 이 땅에 칠 년 동안 임하리라 하니 ²여인이 일어나서 하나님의 사람의 말대로 행하여 그의 가족과 함께 가서 블레셋 사람들의 땅에 칠 년을 우거하다가 ³칠 년이 다하매 여인이 블레셋 사람들의 땅에서 돌아와 자기 집과 전토를 위하여 호소하려 하여 왕에게 나아갔더라 ⁴그 때에 왕이 하나님의 사람의 사환 게하시와 서로 말하며 이르되 너는 엘리사가 행한 모든 큰 일을 내게 설명하라 하니 ⁵게하시가 곧 엘리사가 죽은 자를 다시 살린 일을 왕에게 이야기할 때에 그 다시 살린 아이의 어머니가 자기 집과 전토를 위하여 왕에게 호소하는지라 게하시가 이르되 내 주 왕이여 이는 그 여인이요 저는 그의 아들이니 곧 엘리사가 다시 살린 자니이다 하니라 ⁶왕이 그 여인에게 물으매 여인이 설명한지라 왕이 그를 위하여 한 관리를 임명하여 이르되 이 여인에게 속한 모든 것과 이 땅에서 떠날 때부터 이제까지 그의 밭의 소출을 다 돌려 주라 하였더라

Elishah

'엎친 데 덮친다'는 말이 있습니다. 설상가상과 같은 말입니다. 그럴 때 우리는 '하필이면'이라고 한탄합니다. '하필 소풍가는 날 비가 온다,' '하필 모처럼 세차했더니 비가 내린다'라고 말하는 경우입니다. 이것을 '머피의 법칙'이라고도 합니다. 그와 반대되는 현상이 자주 일어나는 것을 '샐리의 법칙'이라고 합니다. 샐리의 법칙이 통할 때는 일이 잘 되는 사람은 뭘 해도 잘 된다고 말합니다. 여러분은 어떻습니까? '머피의 법칙'에 시달립니까? '샐리의 법칙'이 더 많아 즐거우십니까? 세상살이에는 이 두 가지 현상이 늘 대조적으로 일어날 수 있습니다. 이상하게 일이 꼬이고 더 기가 막힌 일이 거듭되는 악순환이 반복되기도 하고, 하나님의 은혜로 모든 일이 순조롭게 풀리는 선순환이 계속될 수도 있습니다.

머피의 법칙에 시달리며 험난한 인생이 어느 순간부터 샐리의 법칙처럼 하나님의 은혜로 잘 풀린 사람이 있습니다. 세계 모자시장의 80%를 차지하고 있는 영안모자의 백성학 회장입니다. 백 회장은 6.25 때에 전쟁고아가 된 사람입니다. 설상가상으로 열 살 때 전신 화상을 입었습니다. 그 몸으로 학교를 다닐 수가 없어서 초등학교 3학년 때 학업을 중단할 수밖에 없었습니다. 그런데도 하나님만 믿고 의지하는 신앙을 잘 간직하였습니다. 그 믿음 하나로 자수성가하여 19살 어린나이에 모자공장을 시작한 것이 지금은 세계 모자시장의 80%를 차지하고 있습니다. 연간 1억 개의 모자를 생산하고 있습니다. 몇 년 전에 『내가 만들지 않은 성공』이라는 제목의 책을 썼습니다. 자신은 오직 하나님의 은혜로 성공하게 되었음을 간증하는 책입니다. 백 회장은 배운 것이 없고, 가진 것이 없고, 능력도 없었지만, 하나님이 기뻐하시는 일에 전념하고 몰입하였더니 하나님께서 성공을 만들어주시더라고 생생하게 간증합니다. 그래서 책 제목이 「내가 만들지 않은 성공」입니다. 성공은 하나님께서 만들어주십니다.

금세기 미국의 유명한 목회자 릭 워렌R. Warren의 지론도 이와 일맥상통합니다.

"우리가 어디에 헌신했느냐에 따라 우리의 미래가 달라진다."

헌신은 영원한 미래를 보장합니다. 헌신은 인생의 모든 측면에서 성공에 대한 열쇠입니다. 하나님은 헌신의 사람을 불황 중에서도 호황을 누리게 해주십니다. 그야말로 '내가 만들지 않은 성공'을 가져다주십니다. 하나님께서 주시는 성공은 불황에도 불구하고, 불황 중에도 누리는 호황이라고 표현할 수도 있습니다. 그것이 하나님의 능력입니다. 본문에 나타난 수넴 여인의 상황이 불황 중에서도 누리는 호황이라고 할 만합니다. 수넴 여인은 고귀한 헌신에 대한 포상으로 하나님으로부터 아들을 받았고, 죽음으로부터 아들을 돌려받는 기적을 경험하였습니다. 수넴 여인은 그는 이스라엘 땅에 기근과 흉년이 닥쳐왔을 때에도 풍성한 축복을 누렸습니다. 없는 생명을 얻었고, 잃은 생명을 되찾았고, 풍성한 생활의 복까지 받았습니다. 죽음을 이긴 생명의 기적과 넘치도록 풍성한 삶의 기적, 얼마나 놀랍고 멋집니까?

우리도 예수 믿고 구원받은 생명의 기적이 일어난 자이니, 하나님의 자녀로 호황의 축복을 누리는 생활의 기적도 따라올 줄 믿습니다. 생명의 기적과 생활의 기적, 이것이 온전한 축복입니다. 오늘 우리에게도 기적이 따라붙는 삶이 가능합니다. 그렇다면 불황 중에서도 호황의 기적은 어떻게 가능할까요? 하나님의 자녀는 어떻게 불황 가운데서도 호황인생이 될 수 있을까요?

하나님께서 길을 열어주셔야 합니다

본문 열왕기하 8장 1절을 원문 그대로 표현한다면 "그때에 엘리사가 말하였다"입니다. 여기에 언급한 '그때에'는 하나님께서 그 땅에 보낸 7년의 대흉년이 시작할 바로 그때를 가리킵니다. 하나님께서 그 땅의 백성들을 치리하시기로 작정하여 장기간의 대흉년을 보내신다는 사실을 수넴 여인에게 알려줄 뿐만 아니라 피하여 안전하게 살도록 한 것입니다. 그래서 이 여인과 그 가족은 지중해 연안의 비옥한 평야지대로 내려가서 긴 대흉년의 고통을 모면할 수 있었습니다.

오늘의 기석은 엘리사 선지사의 말년에 일어난 내용입니다. 그렇다면 수넴 여인이 엘리사 선지자를 만난 지 벌써 30년 이상 지났습니다. 이처럼 하나님은 헌신하는 자의 인생을 평생 돌보아주십니다. 하나님의 은혜가 평생 따라다닙니다. 믿음의 사람에게는 은혜가 붙어 다닙니다. 다윗은 시편 23편 6절에서 이렇게 결론을 내립니다.

"내 평생에 선하심과 인자하심이 반드시 나를 따르리니 내가 여호와의 집에 영원히 살리로다"

하나님은 어떤 불황과 불리함 속에서도 새 길을 열어주십니다. 새로운 미래로 인도해주십니다. 이사야서의 내용처럼 광야에서도 길을 내주시고, 홍해를 갈라서라도 길을 내주십니다. 예수님의 자기소개 중 하나가 "내가 곧 길이다"라는 놀라운 선포입니다. 주님은 우리에게 구원의 길, 생명의 길, 승리의 길, 축복의 길, 형통의 길이 되어주십니다. 필요하다면 얼마든지, 어느 쪽으로든지 길을 만들어주실 수 있습니다. 주님은 오늘도 헌신하는 자의 앞길을 열어주십니다. 자녀들의 미래를 열어주십니다. 예부터 성도들은 확신을 가지고 "믿음으로 사는 자는 하늘 위로 받겠네. 무슨 일을 만나든지 만사형통 하리라……"라고 찬양하였습니다.

하나님이 동행하여 주셔야 합니다

수넴 여인의 믿음은 온전히 하나님 중심이었습니다. 그렇게 단순하였습니다. 그래서 순종이 쉬웠습니다. 본문 2절에 따르면, 하나님의 사람 엘리사의 말을 그대로 따릅니다. 하나님의 사람의 지시를 받는 즉시, 곧바로 일어나 자기 가족들을 데리고 자신의 터전을 등지고 낯선 땅으로 떠납니다.

그리고 하나님의 사람의 말을 정확하게 순종합니다. 본문 3절을 봅시다. 그는 블레셋 지역에 가서 7년 동안 머물렀습니다. 7년 세월이면 새로운 곳에 충분히 정착할 수 있는 기간입니다. 친구도 사귀었고, 이웃들과 좋은 관계도 맺었고, 모든 삶이 안정권에 들어갔을 것입니다. 한 곳에 7년을 살았으니 살만했을 것입니다. 그런데도 그는 7년이 다하매 과감하게 떠납니다. 그래서 그가 이방 땅 블레셋에서 7년 동안 '우거하였다'는 점을 강조합니다. 임시 체류자로 살았다는 뜻입니다. 군복무 하듯이 살았습니다. 하나님의 지시를 따라 7년을 마감하고 돌아오려는 분명한 신앙적 의지를 가지고 살았습니다. 그러한 신앙을 가졌기에, 그가 어디로 가든지 하나님께서 동행하여 주셨습니다.

하나님은 7년 동안 이방 땅에 사는 그를 떠나지 않고 돌보아 주셨습니다. 함께하여 주셨습니다. 성경학자들에 의하면 수넴 여인은 남편이 벌서 죽었던 것 같습니다. 본문에 남편이 동강하지 않고 있습니다. 남편은 이미 30년 전 아이를 낳을 때 나이가 늙은 상태였던 것으로 보입니다(4:14). 그래서 수넴 여인은 남편 없이 이방 땅에 가서 살아야 했습니다. 이런 상황에서 하나님은 그를 더욱 안전하게 지켜주셨습니다. 하나님이 직접 함께하여 주셨습니다. 하나님은 길을 열어주실 뿐만 아니라, 인생의 모든 길목마다 우리와 동행하여 주십니다. 결코 우리를 혼자 내버려두지 않으십니다. 혼자 떠돌게 두지 않으십니다. 언제 어디서든지 주님이 친히 동행하여 주십니다.

시편 34편 7절을 보면 하나님을 경외하는 사람들에게는 천사를 보내 진을 치고 지켜주십니다. 우리가 사방으로 우겨 쌈을 당하여도 주님이 천군천사를 보내 돌보아주십니다. 인생의 캄캄한 불황 중에서도 극복할 수 있도록 함께하여 주십니다. 인생길은 어떻게 걷느냐 보다는 누구와 함께 걷느냐가 훨씬 중요합니다. 주님께서 우리와 힘께 걸어주십니다. 그것이 우리에게 가장 중요한 사실입니다. 우리는 진정 즐겁게 '내가 어둠 속에 헤맬 때에도 주님은 함께 계셔. 내가 시험 당하여 괴로울 때에도……'라고 노래할 수 있어야 합니다.

하나님께서 때에 맞게 도와주셔야 합니다

이미 말씀드린 대로 수넴 여인은 7년 동안 블레셋 땅에 가서 살다가 다시 하나님의 땅으로 돌아왔습니다. 그랬더니 자기 집과 토지를 왕이 차지해버렸습니다. 소유권자인 남자가 죽고 그 아내와 어린 자식이 불현듯 떠나고는 나타나지 않으니 주인이 없는 것으로 간주하여 국고에 귀속시킨 것 같습니다. 이미 왕의 소유가 되고 말았기에 왕에게 탄원해야만 했습니다. 하지만 왕을 찾아가서 이미 왕의 소유가 되어버린 집과 토지를 돌려받는다는 것이 정말 쉬운 일이겠습니까? 왕이 한낱 여인의 간청을 듣기 위해 만나주겠습니까? 왕으로부터 어떻게 호의를 얻어내겠습니까? 이 수넴 여인의 말을 어떻게 믿도록 만들겠으며, 만일 왕이 여인의 말을 믿지도 귀담아 듣지도 않는다면 누구에게 탄원해야 합니까?

하나님께서 대흉년의 질곡을 피하도록 해주신 것의 고마움보다는 그 말씀대로 자기 집과 땅을 떠났다가 오갈 곳이 하나도 없는 가엾은 처지가 되고 말았다고 땅을 치고 후회할 수도 있는 상황입니다. 이런 처지가 되면 누구나 그런 후회와 원망에 빠질 유혹을 받습니다.

그런데 바로 그때에 이스라엘의 국왕 요람 앞에는 엘리사의 종 게하시가 와 있었습니다. 엘리사 선지자의 활동에 대해 보고를 받는 중이었고, 더군다나 수넴 여인의 죽은 아들을 되살리는 기적을 일으킨 장면을 신명나게 설명하는 찰나였습니다(4절). '바로 그때에' 그 수넴 여인이 그 자리에 도착한 것입니다. 누가 이렇게 황홀한 무대를 마련할 수가 있었겠습니까?

이적 기사를 전해드는 왕의 입장에서 수넴 여인의 등장은 그 기적의 사실성을 극대화시켜주고 실감나게 만들어주는 '실물'의 등장입니다. 게하시의 입장에서는 자기가 신명나게 전하는 이야기의 진실성을 완성하는 살아 있는 증거의 등장입니다. 수넴 여인에게 있어서는 자신의 탄원을 꺼내면서 왕으로부터 호의를 기대하기에 이보다 더 좋을 수 없는 순간에 등장한 것입니다. 왕은 수넴 여인과 그 아들을 자기 눈으로 보고 그 대답을 듣고 확인합니다. 하나님께서 전무후무한 기적으로 은혜를 베푼 여인을, 왕으로서 그 기적을 실감하는 순간에 어찌 그 여인에게 해코지를 하겠습니까?

"이 부인이 바로 그 수넴 여인입니다. 그리고 옆에 있는 저 친구가 바로 그 아들입니다."

이 두 문장이 가장 강력한 설득력을 가진 순간이 어찌 다시 있을 수 있겠습니까? 참으로 절묘하지 않습니까? 이런 것이 정말이지, '하나님의 오묘한 섭리'입니다. 하나님은 절묘하게 때를 맞춰 역사하셨습니다.

이스라엘 왕 요람이 왜 갑자기 엘리사에게 관심을 기울였을까요? 별로 믿음도 없는 사람이 왜 뜬금없이 엘리사 선지자의 성역 스토리를 듣고 싶어 했을까요? 그는 신앙 좋은 왕도 아닙니다. 하나님께서 수넴 여인을 돕게 하려고 그를 들러리로 쓰신 것입니다. 하나님은 헌신의 사람을 축복하시려고 그 나라의 최고권력자까지 동원하셨습니다. 요람 왕과 게하시는 수넴 여인을 위한 들러리로 동원된 것입니다. 왕의 마음을 움직여서 수넴 여인을 돕도록 하셨습니다. 오늘도 하나님은 우리를 돕기 위해 누구든지 동원하실 수 있습니다.

지금 벌어지고 있는 상황을 그림으로 그려보십시오. 왕이 게하시를 불러 엘리사의 기적이야기를 듣고 있습니다. 그때 기적의 주인공 수넴 여인이 '짠'하고 등장합니다. 그야말로 동시다발적으로 진행되고 있습니다. 오늘날의 3D 영상을 구현하신 것입니다. 하나님은 우리가 바로 이 점을 명확하게 깨닫도록 하기 위해 '그때에'라는 말을 구구절절이 반복하십니다(1,3,4,5절). 하나님이 우리를 도와주시는 방법에서 '때를 따라, 때에 맞게' 역사하십니다. 가장 적합한 때에 가장 절묘하게 역사하십니다.

히브리서 4장 16절에서는 하나님께서 우리에게 은혜를 주실 때, '제때에 도와주신다'는 점을 명확하게 강조합니다. 저는 이 말씀을 분명히 믿고 삽니다. 하나님은 서두르지도 않지만, 늦지도 않으십니다. 언제나 가장 적합한 때에 가장 적절한 방법을 절묘하게 찾아내십니다. 모세가 나일 강에 떠내려가고 있을 바로 그때에, 바로의 공주가 강변에 목욕하러 온 것입니다. 어린 외아들이 죽어 상여 나가고 있을 때, 바로 그 순간에 예수님이 찾아오신 것입니다. 제자들이 갈릴리 바다에서 광풍을 만나 위기에 처한 순간, 바로 그때 예수님이 찾아오셨습니다.

오늘도 하나님은 때에 맞춰 찾아오십니다. 하나님께서 때에 맞게 우리를 도와주십니다. 이런 놀라운 섭리에 따라 수넴 여인은 왕의 도움으로 국가가 가져간 재산을 다시 돌려받습니다. 그 뿐만 아니라 그가 떠났을 때부터 지금까지 농사지은 모든 소출을 다 보상받습니다(6절). 이보다 더 좋은 일이 있을 수 있겠습니까?

세상 사람들은 상황과 형편과 경우에 맞추려고 애를 씁니다. 하지만 하나님의 자녀는 하나님께서 때를 맞춰주시는 특권을 누립니다. 하나님 아버지는 역사와 환경과 세상의 흐름을 얼마든지 바꾸실 수 있는 분입니다. 불황을 호황으로 바꾸어 주십니다. 썰물을 밀물로 바꾸어 주십니다. 우리가 믿음으로 사는 만큼 하나님이 길을 열어주시고 동행하여 주십니다. 때에 맞춰 절묘하게 도와주십니다. 선순환으로 이끌어주십니다. 우연의 일치와 같은 절묘한 도우심은 얼마든지 일어납니다. 야베스의 축복이 여러분의 소유임을 확신하십시오. 하나님은 여러분에게 복에 복을 더하시기를 바라십니다(대상 4:10).

10장

긍휼로
해결해주신다

열왕기하 4:38~41

³⁸엘리사가 다시 길갈에 이르니 그 땅에 흉년이 들었는데 선지자의 제자들이 엘리사의 앞에 앉은지라 엘리사가 자기 사환에게 이르되 큰 솥을 걸고 선지자의 제자들을 위하여 국을 끓이라 하매 ³⁹한 사람이 채소를 캐러 들에 나가 들포도덩굴을 만나 그것에서 들호박을 따서 옷자락에 채워가지고 돌아와 썰어 국 끓이는 솥에 넣되 그들은 무엇인지 알지 못한지라 ⁴⁰이에 퍼다가 무리에게 주어 먹게 하였더니 무리가 국을 먹다가 그들이 외쳐 이르되 하나님의 사람이여 솥에 죽음의 독이 있나이다 하고 능히 먹지 못하는지라 ⁴¹엘리사가 이르되 그러면 가루를 가져오라 하여 솥에 던지고 이르되 퍼다가 무리에게 주어 먹게 하라 하매 이에 솥 가운데 독이 없어지니라

Elishah

지난번에 목자 수련회로 제주도를 다녀왔을 때, 산의 계곡마다 고사리가 지천인 것을 보았습니다. 고사리는 소화와 이뇨작용에 효험이 있고, 뭉친 근육을 풀어주고, 관절을 부드럽게 해준답니다. 그런데 고사리를 삶으면 양잿물 같은 퍼런 독물이 나오는데 약이 되는 식물일수록 독성도 함유되어 있습니다. 고사리 잎에는 비타민 B를 파괴하는 특수물질이 들어있어 너무 많이 먹으면 비타민 B 성분이 손실되므로 영양균형이 깨지는 부작용을 초래합니다. 대신에 돼지고기는 비타민 B가 많아 고사리와 같이 먹으면 궁합이 잘 맞습니다.

고사리는 곤충의 침해를 막기 위해 어린잎에서 강력한 독성인 청산가리를 배출합니다. 그래서 고사리는 뜨거운 물로 삶아내고 건조시켜서 독성을 제거한 후에 먹어야 합니다. 제주도 사람들은 고사리를 소금으로 절였다가 씻어내어 독성을 뺀다고 합니다. 여하튼 건강에 좋은 약초일수록 독성도 많지만, 그 독성이 결국 약효를 발휘해주는 것입니다.

본문을 보면 엘리사 시대에 큰 흉년이 들었습니다. 극심한 가뭄과 기근으로 농사가 되지 않았습니다. 열왕기하 8장을 먼저 살펴보았듯이 7년 흉년이 시작된 상황인 것 같습니다. 그렇지 않아도 신학생들은 생업을 포기하고 공부만 하므로 가난할 수밖에 없는데 흉년까지 겹쳤으니 먹을 것이 떨어졌습니다.

저도 신학대학 기숙사에서 콩나물국만 하도 많이 먹어 지금도 콩나물을 싫어합니다. 하지만 그때는 국물에 콩나물 몇 개만 더 떠 있어도 감사기도가 길었습니다. 어떤 날은 반찬이 조금 더 나은 밥을 먹고 싶어 사당동 고개 너머에 있는 숭실대학 기숙사까지 가서 밥을 사먹고 오곤 했습니다. 그 당시만 해도 사당동 고개가 높아 밥 한 그릇 사먹고 넘어오면 벌써 배가 꺼졌습니다. 그래도 콩나물국을 먹기 싫어서 숭실대학까지 갔다 오는 것입니다.

본문의 상황은 그런 배경을 저변에 깔고 있습니다. 엘리사 선지자는 학생들을 위로하려고 길갈신학교를 방문하였습니다. 선생님과 학생이 오붓하게 앉아서 정겨운 교제를 나누었습니다(38절). 우리가 신약성경의 복음서를 보면 예수님과 제자들이 잔디밭에 앉아서 다정하게 교제하던 장면과 비슷합니다. 교장 엘리사 선지자는 제자들의 허기진 배를 채워주려고 풀죽이라도 끓이라고 했습니다.

신학생 중 부지런한 친구 하나가 나물을 캐다 국을 끓이려고 산에 갔는데, 때마침 야생 참외 덩굴을 발견했습니다. 그래서 넝쿨채로 뜯어 한 보따리 따왔습니다. 얼마나 많이 땄는지 자기 옷자락에 가득 담아 왔습니다(39절). 유대인들의 외투는 다용도 다목적으로 활용됩니다. 겉옷을 펼쳐서 담아왔으니 아마 한 자루 정도 따온 것 같습니다.

여기서 말하는 야생 참외는 '콜로신드'Colocynth라고 하는데, 황갈색을 띤 오렌지만한 열매입니다. 맛이 굉장히 쓰고, 독이 있어 독성을 빼지 않고 먹으면 신경마비와 심각한 복통을 일으킵니다. 학생들이 얼마나 배가 고팠던지 이 열매가 무엇인지 확인도 안 하고 국솥에 급히 썰어 넣었습니다. 그리고는 각자 국을 떠다 먹는 순간 깜짝 놀랐습니다. 치명적인 독성이 있는 '콜로신드'라는 것을 그제서야 발견한 것입니다. 극심한 흉년에 먹을 것이 너무나 아쉽고 귀한 때에 도저히 버리고 싶지도 않고 그렇다고 먹을 수도 없는 난감한 상황인 것입니다. 하는 수 없이 하나님의 사람 엘리사 선지자에게 이 상황을 보고했습니다. 어쩌면 사람이 죽을 수 있는 위기상황이었습니다. 하지만 너무나 배가 고파서 조금도 버리고 싶지 않았습니다. 엘리사 선지자는 얼른 밀가루를 가져오라고 했습니다. 밀가루로 국물의 독성을 중화시켜 학생들이 안전하게 먹을 수 있도록 해주었습니다. 열왕기하 2장에서 쓴 물을 치료한 기적과 비슷합니다. 그때는 나쁜 물에 소금을 넣어 치료했습니다. 그런데 이번에는 독이 들어있는 국물에 밀가루를 넣어 치료한 것입니다.

오늘 기적의 메시지의 초점은 하나님의 긍휼하심에 있습니다. 실수와 잘못은 인간이 했어도 하나님께서 긍휼을 베풀어 해결해주십니다. 우리가 일으킨 문제이고, 우리의 어리석음이 상황을 악화시켰는데도 하나님께서 우리를 불쌍히 여기셔서 직접 문제를 해결해주십니다. 하나님께서는 자기 자녀들에게는 긍휼로 대하시기로 작정하시고 약속하셨기 때문입니다.

야생 참외가 쓴맛과 독성을 품고 있는 것처럼 인생의 현실에는 쓰라린 고통과 위험요소가 많습니다. 하나님의 백성이 사는 이스라엘 땅에도 흉년과 기근이 있듯이 예수 믿고 사는 우리들에게도 재난과 시련이 있습니다. 특히, 이 세상은 하나님을 거역하며 범죄를 자행하고 있기 때문에 심판과 징계를 받아 온갖 질병과 고난이 더욱 많아지고 있습니다. 우리는 기계문명의 산업화와 편리주의를 추구하다보니 자연 환경을 파괴하여 재난의 현장을 자업자득으로 만들어내고 있습니다.

본문에 등장하는 어떤 학생이 치명적인 독성을 함유한 야생 참외를 따다가 확인도 안 하고 국을 끓이듯이 우리도 급한 마음으로 무분별하게 주식에 손을 대거나 함부로 투자할 수 있습니다. 우리 속담에 "거지는 골라 먹지 않는다"라는 말이 있습니다. 거지는 배가 고프고 언제 다시 먹을 것을 얻을 수 있을지 모르니 아무거나 닥치는 대로 집어 먹습니다. 그러다가 독성 있거나 상한 음식을 먹고 큰 변을 당할 수도 있습니다. 이 신학생은 야산의 계곡에 있는 야생 참외의 크기만 보고 매혹을 느꼈던 것입니다. 그 속에 독성이 있는 것을 살펴보지 않았습니다. 오늘 우리도 껍데기만 보고 속지 말아야 합니다. 특히 아무거나 손대지 말아야 합니다. 경제적으로 압박을 받거나 급하다고 하여 아무 데나 함부로 투자하지 말아야 합니다.

본문에 등장하는 청년이 야생 참외의 껍데기 색깔과 크기에 매료당한 것처럼 우리도 성급하게 판단하여 아무거나 손대면 큰일납니다. 도박성 투자에 유혹당하지 말아야 합니다. 옛날 속담의 내용대로 우리는 거지처럼 아무거나 먹어서는 안 됩니다. 우리는 하나님의 자녀들입니다. 하나님 나라의 왕자와 공주입니다. 그러므로 아무거나 손대서는 안 됩니다. 기도하고 결정합시다. 성령의 인도를 받으며 결정합시다. 하나님의 뜻을 여쭤보며 추진합시다.

본문의 메시지는 우리에게 큰 위로와 새로운 희망을 줍니다. 우리의 실수와 잘못으로 어떤 낭패를 당했어도 회복의 꿈을 갖게 해줍니다. 재기하고 만회할 수 있도록 길을 열어주십니다. 하나님이 긍휼로 해결해주시기 때문입니다.

그러면 어떤 사람에게 긍휼을 베풀어주시며 도와주실까요?

호소하는 자

하나님의 성품의 본질은 사랑입니다. 그 사랑의 요소는 은혜와 긍휼로 구성되어 있습니다. 은혜는 받을 자격이 없는 자에게 베풀어주시는 사랑의 호의를 말하고, 긍휼은 벌을 받아야 마땅한데 사랑으로 감싸주시고 덮어주시는 자비를 뜻합니다. 이것이 곧 예수님의 십자가 사랑입니다. 십자가의 보혈로 우리의 죄와 빚을 사해주신 것입니다. 특히, 하나님은 고난당하는 자를 긍휼히 여겨주십니다. 민망히 여겨주십니다(사 49:13).

하나님께서 '우리를 측은히 여겨주시는 사랑'을 히브리 단어로

'헤세드'חֶסֶד라고 부릅니다. 우리를 가엾게 여겨주시는 사랑입니다. 그래서 한글성경에서는 문맥마다 다르게 '인애,' '선대,' '은혜,' '후대' 등으로 번역합니다만 '자비' 혹은 '긍휼'이 무난한 번역입니다. 어떻게 번역하든 죄를 지은 우리를 가엾게 여겨 우리에게 은혜와 사랑을 베푸는 하나님의 본성이 있다는 것입니다. 따라서 우리는 날마다, 모든 일에 하나님의 긍휼에 호소하며 사는 것이 우리가 당면한 모든 문제에서 가장 효과적인 해법이며 가장 지혜로운 처사라는 것입니다. 다윗이 인생의 숱한 시련을 겪으면서도 결국 은혜를 받을 수 있었던 비결은 하나님의 긍휼에 있었습니다.

"하나님이여 나를 긍휼히 여기시고 나를 긍휼히 여기소서 ……"(시 57:1)

예수님을 만나 기적을 체험했던 사람들의 공통점이 바로 긍휼을 호소하는 것에 있습니다. 가난한 사람도, 앞을 못 보는 사람도, 걷지 못하는 사람도, 소외당한 세리도 모두가 긍휼을 호소하므로 해결 받았습니다. 우리 주님은 호소하는 자에게 긍휼로 해결해주십니다. 기적을 일으켜주십니다(마 20:30~34). 문제는 내가 만들었고, 사고는 내가 저질렀어도 하나님은 긍휼을 호소하는 자에게 새로운 해답을 주십니다. 주님의 긍휼을 애원하는 자에게 기적이 일어납니다.

'주여, 우리를 긍휼히 여기소서!'

회개하는 자

이미 말씀드린 대로 긍휼이란 우리의 잘못과 죄를 용서해주시는 사랑입니다. 우리가 진정으로 뉘우치고 회개하기만 하면 주님은 깔끔하게 용서해주십니다. 하나님이 원하시는 요구조건은 간단합니다. 회개하기만 하면 긍휼로 해결해주십니다. 다윗이 자신이 엄청난 실수를 범한 후에도 다시 일어설 수 있었던 비결이 여기에 있습니다.

"하나님이여 주의 인자를 따라 내게 은혜를 베푸시며 주의 많은 긍휼을 따라 내 죄악을 지워 주소서 나의 죄악을 말갛게 씻으시며 나의 죄를 깨끗이 제하소서"(시 51:1~2)

신약성경 복음서를 읽어보면, 예수님을 만나 해답을 얻은 사람들의 공통점은 단 하나입니다. 자신의 잘못과 죄를 회개하는 자에게 놀라운 긍휼을 베풀어주십니다. 근본을 해결해주십니다. 그래서 어떤 이름 모를 세리는 성전에 나와 회개기도를 드리므로 응답받고 갑니다. 십자가 사형을 당했던 죄수도 자신의 잘못을 회개하므로 긍휼의 해답을 얻어 구원받은 것입니다. 그러므로 예수님은 대제사장으로서 긍휼을 베푸십니다(히 2:17, 18; 4:15,16). 우리 주님은 정확한 때에 맞춰 긍휼로 해결해주십니다. 그러므로 회개가 빠를수록 회복도 빠릅니다. 진심으로 회개하는 자에게 긍휼로 해결해주십니다.

긍휼히 여기는 자

어떤 의미에서 인생은 자업자득입니다. 심은 대로 거둡니다. 콩 심은 데 콩 나고, 팥 심은 데 팥이 납니다. 심은 대로 거두고, 심은 만큼 거둡니다. 그러므로 우리는 일상생활에서 좋은 것을 심어야 합니다. 복을 심고 선을 심어야 합니다. 덕을 심고 사랑을 심어야 합니다. 특히 긍휼을 심어야 합니다. 예수님은 마태복음 5장 7절에서 "긍휼히 여기는 자는 긍휼히 여김을 받을 것이다."라고 말씀하십니다

예수님의 가르침을 행동 지향적으로 정리해주고 있는 야고보는 이렇게 말합니다.

> "긍휼을 행하지 아니하는 자에게는 긍휼 없는 심판이 있으리라 긍휼은 심판을 이기고 자랑하느니라"(약 2:14)

무자비한 자에게는 잔혹한 현실이 찾아오고, 자비를 베풀며 살

아온 자에게는 긍휼의 보상이 주어집니다. "긍휼히 여기는 자는 긍휼히 여김 받겠네……." 한 마디로, 서로 긍휼히 여겨주는 그것이 가장 기독교적인 방법이며, 최상의 해법입니다. 긍휼만이 상생의 원리입니다. 부부 사이에도 서로를 긍휼히 여겨주어야 합니다.

인생의 웬만한 해답은 모두가 주님의 긍휼에 있습니다. 긍휼만이 최고의 해법입니다. 그래서 성경에서는 긍휼이라는 말을 500번 이상이나 반복하고 있습니다. 성경의 이야기는 시종일관 긍휼로 해결된 사건들을 보도하는 내용입니다. 하나님은 오늘도 당신의 문제를 긍휼로 해결해주십니다.

11장

하찮은 것으로도
풍성한 기적을!

열왕기하 4:42~44

⁴²한 사람이 바알 살리사에서부터 와서 처음 만든 떡 곧 보리떡 이십 개와 또 자루에 담은 채소를 하나님의 사람에게 드린지라 그가 이르되 무리에게 주어 먹게 하라 ⁴³그 사환이 이르되 내가 어찌 이것을 백 명에게 주겠나이까 하나 엘리사는 또 이르되 무리에게 주어 먹게 하라 여호와의 말씀이 그들이 먹고 남으리라 하셨느니라 ⁴⁴그가 그들 앞에 주었더니 여호와께서 말씀하신 대로 먹고 남았더라

Elishah

옛적부터 '티끌 모아 태산을 이룬다'라는 격언이 전래되어 왔습니다. 작은 것에 우주가 담겼다는 멋진 말도 있습니다. 중국의 옛 사상가 노자는 "한 아름이나 되는 커다란 나무도 아주 작은 씨앗에서 시작 한다"라는 말을 남겼다고 합니다. 성경에도 겨자씨의 비유가 있고, 소자를 멸시하지 말라고 엄중히 가르칩니다. 지극히 작은 것에도 천국의 비밀이 담겨 있고, 천국의 능력을 발휘할 수 있기 때문입니다. 그러므로 우리는 작은 것을 작다고 여기지 말아야 합니다. 오히려 작은 것을 크게 여겨야 합니다. 가치 있게 여겨야 합니다.

시인 랄프 에머슨은 "수천 그루의 나무로 울창해진 숲도 한 톨의 도토리로부터 비롯된 것이다"고 말합니다. 세계적인 은행 로스차일드는 고물상에서 시작했고, 오늘날 유통업의 세계 최고인 월마트는 아칸소 주의 시골 마을 벤턴빌의 조그마한 잡화점에서 시작했습니다. 세계적 전자회사 소니는 도쿄 통신공업이라는 작은 회사에서 시작했고, 세계 최고의 커피전문점 스타벅스는 시애틀 거리 한 모퉁이의 작은 카페에서 출발했습니다. 세계 최고의 부자 빌 게이츠의 마이크로 소프트 역시 가정집 차고를 개조한 작은 사무실에서 사업을 시작했습니다 우리나라의 대표기업 삼성은 대구에서 과일과 건어물을 파는 조그마한 점포에서 시작했습니다.

상술에 밝기로 정평이 나 있는 유대인들의 성공비법도 소자본으로 시작한다는 것입니다. 지금 전 세계적으로 유행하고 있는 1

달러숍, 천원숍 아이템을 처음 생각해낸 사람도 유대인 마이클 맥스입니다. 그는 시장 한구석에 포장마차를 치고 싸구려 물건을 파는 잡화 행상으로 사업을 시작했습니다. 그러다가 포장마차에 '원조 페니 바잘(시장)'이라는 이름을 붙이고, 모든 물건에 '전 품목 1페니'라는 푯말을 세우고 장사한 것이 크게 히트를 쳐 오늘의 다국적 기업을 이룬 것입니다. 이처럼 작은 출발이 큰 성공을 가져올 수 있는 것입니다.

엘리사벳 노벨이라는 시인은 작은 것이 큰 영향력을 미친다는 점을 '조금' a little이라는 제목의 좋은 시를 통해 아름답게 표현했습니다.

설탕을 조금 가지고도 음식 맛이 달게 되네.
비누를 조금 가지고도 내 몸이 깨끗이 되네.
조금의 햇볕으로도 새 싹이 자라네.
조금 남은 몽당연필로 책 한 권을 다 쓰네.
조금 남은 양초 하늘하늘 춤추는 불빛 아무리 작더라도 불빛은 귀하지.

이것은 엄밀히 말해서 하나님 나라의 공식입니다. 하나님은 작은 것을 붙잡아 무한한 능력을 발휘하여 하나님 자신의 목적을 이루기 위해 귀하고 요긴하게 사용하십니다. 작은 것, 세상이 하찮다고 버린 것의 위대한 가능성을 실현시켜 주십니다. 그러므로 작은 것을 참으로 위대하게 만들고, 하찮은 것을 통해 참으로 고귀한 일을 이루시는 것은 진정 하나님의 법칙입니다. 하나님만이 하찮고 작은 출발을 하는 자에게 큰 성공 가능성에 대한 환상을 품게 하십니다.

"네 시작은 미약하였으나, 네 나중은 심히 창대하리라"(욥 8:7)

세상은 전혀 그렇지 않습니다. 사람은 결코 티끌을 모아 태산을 이룰 수 없습니다. 사람은 도토리를 한 알을 심어 울창한 숲을 이룰 수 없습니다. 사람의 수명과 능력에 한계가 있기 때문입니다. 수많은 사람을 동원할지라도 태풍과 홍수와 불과 같은 천재지변을 막지 못합니다. 정작 티끌로 모은 태산이 필요할 때 태산을 이룰 수 없습니다. 정작 도토리 한 알을 심은 그 사람에게 필요한 숲을 그 필요한 때에 보지 못합니다.

오직 하나님만이 하실 수 있습니다. 하나님께서 자신과 자신의 백성이 얼마나 위대한지를 보여주기 위해 특별히 하찮고 작은 출발점에서 시작하시는 때가 많습니다. 작은 씨앗, 작은 구름, 작은 떡, 작은 사람, 어린 아이, 약한 자, 무명의 한 사람, 초라한 시작을 하나님께서 붙잡아 사용하시어 거대한 진행과 결말로 이끌어 가십니다. 그것은 위대한 하나님만의 방법이십니다.

그리스의 우화작가 이솝의 작품은 '아무리 하찮은 사람이라도 큰일을 해낼 수 있다'는 희망의 메시지를 담고 있습니다. 하지만 진실은 마더 테레사의 말처럼 "우리는 하나님의 손에 붙잡힌 몽당 연필입니다"라는 말 속에 있습니다. 하나님은 작은 몽당연필로도 크고 아름다운 그림을 그리십니다. 하나님은 작은 자를 크게 쓰십니다. 사도 바울은 지극히 작은 자보다 더 작은 자였지만, 측량할 수 없는 은혜를 주셔서 큰일을 하게 하셨습니다. 그러므로 하나님 앞에서는 그 어떤 누구도, 아무리 하찮고 작아도 작은 자가 아닙니다. 하나님은 작은 아이 다윗을 통해 사울 왕의 군대가 해내지 못하던, 다윗의 세 큰 형들도 도망치기 바빴던 골리앗을 물리치는 큰 역사를 이루십니다. 기드온 같은 작은 자를 큰 용사로 만들어 승리하게 하십니다. 어린소년의 작은 도시락으로 큰 기적을 이루십니다.

혹시 우리 중에 작은 사역을 하고 있다고 부끄러워하지 마십시오. 그 결과는 오직 하나님만이 아십니다. 내가 맡고 있는 교회학교 어린이 2~3명의 미래는 하나님만이 아십니다. 예수님은 이 세상에 작은 씨로 오셨습니다. 작은 떡으로 오셨습니다. 작은 마을에서 태어나셨습니다. 특히 천국운동을 시골 마을에서 전개하셨으나, 결국 전 세계를 변화시켰습니다. 골방에서 열방을 움직이신 것입니다.

본문 열왕기하 4장은 선지자 엘리사의 11번째 기적인 동시에 구약의 오병이어 기적이라고 할 수 있는 장면입니다. 이스라엘 땅은 극심한 가뭄과 흉년으로 아사상태에 이를 만큼 경제 한파를 맞이하고 있었습니다. 그러니 신학교 기숙사 생활은 오죽했겠습니까? 얼마나 배고팠으면 독풀인 줄도 모르고 국을 끓여먹다가 죽을 뻔 했겠습니까(38~41)?

그러던 어느 날 엘리사가 운영하던 신학교에 반가운 손님이 찾아왔습니다. 배고픈 신학생들에게 먹일 것을 가지고 찾아왔습니다. 기숙사에 있던 학생들은 후다닥 뛰어나왔습니다. 그런데 그가 가져온 음식의 양은 매우 적었습니다. 학생 수는 100명인데, 음식은 보리빵 20개와 곡식 한 자루였습니다. 20명분이라는 뜻입니다. 누구 입에 풀칠하겠습니까? 누구는 먹고 누구는 굶어야 합니다. 아니면 20명분을 100명이 먹을 수 있도록 멀건 죽을 끓이든지 해야 합니다. 하지만 하나님은 엘리사를 통해 그 적은 양으로도 100명의 장정이 다 배불리 먹고 남는 기적을 일으키셨습니다. 본문에서는 '남는다'라는 말을 두 번이나 반복합니다. 하나님 나라는 모자라거나 부족하지 않습니다. 남는 역사가 진행됩니다. 기근 중에서도 풍성한 기적이 일어납니다. 오늘날 우리도 어떻게 하면 작은 것을 가지고도 풍성한 기적을 일으킬 수 있을까요?

하나님의 일에 최우선하라

42절에는, 길갈 신학교 기숙사에 찾아온 분이 가져온 보리떡과 곡식 한 자루 앞에 '처음 만든 떡'이라는 단서를 붙입니다. 개역한

글 번역에는 "처음 익은 식물", 표준새번역에는 "첫 열매로 만든"이라고 되어 있습니다. 그가 가져온 것은 먹다 남은 것을 굶고 있는 불쌍한 사람들에게 적선하려고 가져온 것이 아닙니다. 그 해 농사의 첫 열매입니다. 첫 것입니다. 성경에서 첫 열매는 제사장에게 가져가도록 되어있습니다(레 2:14, 민 15:20, 신 18:4). 성경은 언제나 첫 이삭, 첫 열매, 첫 새끼, 첫 수입을 하나님께 먼저 드릴 것을 강조합니다. 이것이 율법입니다.

오늘 기적사건의 시작은 이토록 어렵고 힘든, 징벌적 대 흉년의 시기에 하나님께서 규정한 계명을 최우선적으로, 그대로 지키는 순종의 사람이 있었기 때문입니다. 이름조차 기록되지 않은 작은 사람의 작은 순종을 하나님께서 들어서 크게 쓰시고 하나님의 모든 백성이 읽고 교훈을 배우도록 하신 것입니다. 그렇게 오늘 기적의 발단은 첫 열매를 하나님께 드려 신학생들과 함께 큰 기적을 체험한 것입니다.

성경은 우선순위의 원리를 강조합니다. 저희 지구촌교회는 개척이후로 하나님의 기적적인 축복을 많이 경험했는데, 특별히 축복받는 이유 중 하나가 있다면 예수님께서 기뻐하시는 선교를 우선하기 때문입니다. 현대 경영학의 대부 피터 드러커가 『프로패셔널의 조건』이라는 책에서 강조하듯이, 우리는 '우선순위와 2차 순위를 결정하는 용기'가 필요합니다. 요즘 경영학자들의 통계분석에 의하면 21세기 건강한 비전기업들일수록 이익의 극대화, 주주들의 이윤배당이 우선이 아니라, 소비자 중심, 고객 행복을 최우선할 때 성공하더라는 분석입니다. 일반 기업운영에서도 우선순위가 이처럼 중요하다면, 하물며 하나님의 백성은 당연히 하나님의 일을 최우선해야 할 것은 두말할 필요가 없습니다.

우리 주변에 기적을 일으키며 사는 자들의 공통점은 하나님의 일을 최우선하는 분들입니다. 우리가 이번 미국 교회들을 비전트립 하며 머무는 호텔이 LA남부지역 노포크Norwalk에 있는 '더블트리 호텔'Doubletree Hotel입니다. 그 호텔사장은 샌디에고Sandiego교회 장로인 앤디 킴Andy Kim이라는 분입니다. 이 분은 교회에서 긴급하게 호출하면 사업하다가도 곧바로 뛰어가십니다. 자신의 사업보다도 하나님과 교회의 일에 실제적으로 명백한 우선순위를 부여한 모습니다. 그러니 하나님께서 사업을 더욱 번창시켜주십니다. 우리는 이런 역설적 신앙을 가져볼 필요가 있습니다. 이 모습을 하나님과의 관계성 속에서 표현하면 다음과 같습니다.

"나는 하나님의 일을 하고, 하나님은 내 일을 해주신다."

예수님은 이렇게 약속하십니다.

"너희는 먼저 그의 나라와 그의 의를 구하라. 그리하면 이 모든 것을 너희에게 더하시리라" (마 6:33)

우선순위가 분명할수록 하나님께서 기적적으로 축복하십니다. 저희 교회에서도 교회의 넥스트비전을 위해 전교인 40일 금식기도운동을 펼쳐보았는데, 특별히 기도를 시작하는 첫날 아침, 그리고 일주일의 첫 시간 금식기도를 하겠다는 지원자가 엄청나게 많았습니다. 매우 좋은 쏠림현상이지요. 모두가 첫 출발의 시간을 하나님께 바치려는 헌신의 마음이 있기 때문에 이런 현상이 일어나는 것입니다. 우리 모두가 하나님의 일을 최우선하므로 힘찬 기적을 일으키는 주인공이 될 수 있기를 바랍니다.

하나님의 손에 올려드리라

기적의 주인공은 자신의 농산물을 하나님의 손에 올려드리므로 큰 기적을 일으켰습니다. 성경은 이렇게 강조합니다.

"그가 보리빵 스무 덩이와, 자루에 가득 담은 햇곡식을, 하나님의 사람에게 가지고 왔다."

100명의 장정들에게 얼마 안 되는 양입니다. 적다고, 모자란다고 원망들 수도 있습니다. 우리가 어떤 일을 믿음으로 추진하려고 하면 반드시 이성주의자들의 반대가 있습니다. 합리적 이론으로 반론을 제시합니다.

43절을 유심히 보십시오. 엘리사와 가장 가까운 동역자가 "선생님, 우리학교 학생이 100명이나 되는데, 이것을 가지고 어떻게 다 먹을 수 있겠습니까?"라는 말을 합니다. 현실을 정확히 지적하는 객관성과 정직성으로 덧칠하였지만 그 속은 믿음을 저버리도록 만드는 염세주의로 가득 차있는 말입니다. 세속주의입니다. 인본주의적 수학이론입니다. 부정적이며 회의적입니다.

반면에 성경의 결론은 언제나 동일하게, 하나님께 올려드리면 남는 역사가 일어나며, 풍성한 기적이 일어납니다. 하나님의 나라는 풍성하고 충만하여 흘러넘칩니다. 먹고 남는 역사가 일어납니다. 하나님이시기 때문입니다. 하나님께서 다스리시기 때문입니다. 우리가 드리는 헌금의 액수가 중요한 것이 아니라, 믿음으로 올려드리는 것이 중요합니다. 제가 섬기는 지구촌교회는 1997년에 예배당 부지를 사고, IMF 경제 한파 때 건축을 이루어 냈습니다. 미러클 콤플렉스 이런 기적이 가능했던 것은 교인들의 눈물겨운 헌신이 많이 있었기 때문입니다. 어떤 권사님은 이사할 때 이삿짐센터를 부르지 않고, 일주일동안 본인이 직접 짐 정리를 하여 절감한 이사비용을 건축헌금으로 드렸습니다. 어떤 분은 집까지 줄여서 헌금했습니다. 어떤 청년은 태어나서 처음으로 아르바이트하여 번 돈 전액을 바쳤습니다. 그리고 그 당시 고등학교 3학년 학생들은 수능시험 끝나고 아르바이트하여 건축헌금을 드려 지구촌교회를 기적의 작품이 되게 했습니다. 아무리 초라하고 작은 것도 하나님의 손에 맡겨지면 풍성한 기적을 가져옵니다.

미국 필라델피아 템플교회가 세워진 스토리입니다. 교회당이 너무 작아 한 소녀가 예배를 드리러 갔다가 그냥 돌아왔습니다. 어른들도 예배드리기가 비좁으니 어린아이들이 들어올 자리가 없다는 이유에서였습니다. 그 아이는 집으로 돌아와 새 예배당이 건축되기를 기다리던 중, 병들어 죽게 되었습니다. 그때 그 아이가 러셀 H. 콘웰 담임목사님에게 감동적인 편지를 보냈습니다.

"목사님, 저는 교회에 가고 싶으나 예배실이 비좁아서 빈자리를 기다리는 아이입니다. 제가 먹고 싶은 것을 사먹지 않고 모은 돈, 57페니입니다. 이 돈으로 예배당을 지어 모든 어린이들과 함께 예배드릴 수 있게 해주세요."

이 편지를, 소녀의 장례식 때 모든 성도들 앞에서 읽었습니다. 장례식에서 소녀의 편지를 들으면서 모두 눈물을 흘렸습니다. 소녀의 편지를 계기로 촉발된 헌신으로 템플교회는 큰 교육관을 지을 수 있었습니다. 그러나 그 헌신의 동력은 교육관으로 끝나지 않고 교회를 힘있게 성장하게 만들었고, 선한 사마리아 병원도 짓고 후에는 명문 템플대학교도 설립하게 만들었습니다.

한 아이의 작은 소망, 그 아이가 모아서 내놓은 57센트는 교회의 부흥을 촉발하고 명문대학을 세우는 데까지 거대한 역사를 창출하는데 사용되었던 것입니다. 그 후 이 이야기는 '57센트의 기적'이라는 전설로 남았습니다.

에머슨은 오늘 우리의 주제를 「작은 시작, 큰 결과」라는 시에서 감동적으로 노래합니다.

작은 일이라고
하찮게 생각해서는 안 된다.

모든 것은
사소한데서 출발한다.

한 알의 조그만 씨앗이
하늘을 찌르는
큰 나무가 되는 것을 보라

행복이나 불행도
성공이나 실패도

다 그 처음은
작은 일에서 시작된다.

본문의 말씀도 여전히 희망적입니다. 모자람에서 시작하였으나 넉넉함으로 끝납니다. 부족함에서 풍속함으로 바뀝니다. 가난이 부요로 전환됩니다. 배고픔에서 배부름으로 반전됩니다. 흉년 인생이 아닌 풍년 인생을 살게 하십니다. '남는다'라는 말을 두 번이나 반복하면서 깔끔하게 매듭 합니다. 우리가 하나님의 일을 우선하며, 하나님께 올려드리기만 하면 풍성한 기적이 일어나도록 축복해주십니다(마 14:19, 요 10:10, 빌 4:19).

12장

무명의 소녀,
위대한 기적

열왕기하 5:1~10

¹아람 왕의 군대 장관 나아만은 그의 주인 앞에서 크고 존귀한 자니 이는 여호와께서 전에 그에게 아람을 구원하게 하셨음이라 그는 큰 용사이나 나병환자더라 ²전에 아람 사람이 떼를 지어 나가서 이스라엘 땅에서 어린 소녀 하나를 사로잡으매 그가 나아만의 아내에게 수종들더니 ³그의 여주인에게 이르되 우리 주인이 사마리아에 계신 선지자 앞에 계셨으면 좋겠나이다 그가 그 나병을 고치리이다 하는지라 ⁴나아만이 들어가서 그의 주께 아뢰어 이르되 이스라엘 땅에서 온 소녀의 말이 이러이러하더이다 하니 ⁵아람 왕이 이르되 갈지어다 이제 내가 이스라엘 왕에게 글을 보내리라 하더라 나아만이 곧 떠날새 은 십 달란트와 금 육천 개와 의복 열 벌을 가지고 가서 ⁶이스라엘 왕에게 그 글을 전하니 일렀으되 내가 내 신하 나아만을 당신에게 보내오니 이 글이 당신에게 이르거든 당신은 그의 나병을 고쳐 주소서 하였더라 ⁷이스라엘 왕이 그 글을 읽고 자기 옷을 찢으며 이르되 내가 사람을 죽이고 살리는 하나님이냐 그가 어찌하여 사람을 내게로 보내 그의 나병을 고치라 하느냐 너희는 깊이 생각하고 저 왕이 틈을 타서 나와 더불어 시비하려 함인줄 알라 하니라 ⁸하나님의 사람 엘리사가 이스라엘 왕이 자기의 옷을 찢었다 함을 듣고 왕에게 보내 이르되 왕이 어찌하여 옷을 찢었나이까 그 사람을 내게로 오게 하소서 그가 이스라엘 중에 선지자

가 있는 줄을 알리이다 하니라 ⁹나아만이 이에 말들과 병거들을 거느리고 이르러 엘리사의 집 문에 서니 ¹⁰엘리사가 사자를 그에게 보내 이르되 너는 가서 요단 강에 몸을 일곱 번 씻으라 네 살이 회복되어 깨끗하리라 하는지라

Elishah

'호랑이는 죽어서 가죽을 남기고 사람은 죽어서 이름을 남긴다'는 말이 있습니다. 자신의 이름을 사람들의 뇌리에 박히도록 만들어, 가급적 많은 사람들이 오랫동안 이름을 기억해주기를 바라는 것은 인간의 지울 수 없는 욕망인 것 같습니다. 자신은 매우 중요한 일을 했다고 여기거나, 자신이 누군가에게 큰 도움을 주었다고 생각하는데 정작 자신의 이름을 몰라준다면 거의 대부분의 사람들은 크게 실망하거나 섭섭해 할 것입니다.

본문이 소개하는 기적사건, 그리고 그 사건의 중요한 계기를 마련해준, 실제적으로 기적사건의 시작이라고 할 만한 인물도 이름이 남아 있지 않습니다. 7080세대를 추억에 잠기도록 만드는 유행가 제목처럼 '이름 모를 소녀'입니다. 그는 시리아의 총사령관 나아만 장군의 나병을 낫게 해준 공로자입니다. 그야말로 큰 기적을 일으켰을 뿐만 아니라 확고한 여호와 신앙을 갖도록 만들어준 무명의 영웅입니다. 역사이래로 나병은 사람에게 가장 불행한 불치병이었습니다. 그런데 시리아 제국의 총사령관 나아만 장군이 나병에 걸렸는데, 그 나라에 노예로 끌려온 이스라엘 여자아이가 하나님의 시람 엘리사를 소개해주므로 치유 받게 해준 것입니다.

본문을 자세히 분석해보면 시리아제국의 총사령관 나아만과 이스라엘의 이름 모를 소녀는 극명한 대조를 이루고 있습니다.

나아만	소녀
장군	포로
다스리는 자	섬기는 자
큰 자	작은 자
유명인	무명인

명백하게도, 그 소녀는 하찮고 무의미한 존재입니다. 거대한 역사의 수레바퀴 앞에 서 있는 사마귀처럼 자기 생명조차 자기 손으로 어찌하지 못하는 한없이 미약한 존재에 불과합니다. 하지만 이 소녀는 하나님과, 하나님의 거룩한 사람이 큰 기적을 일으키는 데 쓰임 받는 도구가 됩니다. 그야말로 큰 기적을 일으킨 엘리사와 함께 동역한 무명의 용사라 부를 만합니다.

본문을 통해 우리가 배워야 할 교훈이 있습니다.

무명일지라도 필요한 사람이 되라

본문에 무시해도 좋을 정도로 스쳐지나가는 하찮고 작은 여자아이에 주목해 봅시다. 얼핏 보면 성경도 무시해도 좋을 하찮은 존재인 것처럼 슬쩍 지나칩니다. 그러나 이것은 우리의 안목을 시험하는 것이며, 우리의 통찰력을 훈련시키는 것입니다. 성경은 '이스라엘 땅에서 잡아온 아주 작은 하녀'라고 소개합니다. 아주 작을 뿐만 아니라 남의 나라에 끌려간 노예요, 어린 여자아이였습니다.

스스로의 운명을 어찌할 도리가 없는 이름 없는 포로요, 시녀였습니다.

그런데도 이 아이는 우선 여주인을 성실하게 시중들었습니다. 그리고 심각한 질병을 앓고 있는 나아만 장군에게 희망을 주기를 원했습니다. 자기 처지에 기죽지 않고 다른 사람에게 꼭 필요한 일을 하는 사람이었습니다. 힘없고no power, 신분 없고no position, 가진 것이 하나도 없는no possession 하녀에 불과했지만 어느덧 없어서는 안 되는 존재가 되었습니다. 절망적인 상황 속에서도 아무도 돌아보아주는 이가 없어도 마치 하나님마저 자신을 버린 듯이 여길 수 있는 그런 상황 속에서도 하나님에 대한 믿음과 신뢰에 흔들림이 없었습니다. 단순하게 하나님을 믿었고 하나님의 능력에 대한 확신을 잃지 않았습니다. 그 확신을 변치 않고 간직하였기에 비록 무명의 하찮은 작은 여종의 위치에 있을지라도 하나님께 놀라운 이적을 행하시고 하나님께서 이방의 강력한 장군의 경배를 받기를 원하실 때 특별하게 쓰시는 인물이 된 것입니다. 능력의 하나님을 이방나라에 알리는 위대한 선지자 못지않은 전도자의 역할을 하게 된 것입니다.

이 소녀는 시리아제국을 복음화 시키는데 엄청난 수훈을 하였습니다. 나아만 장군이 단순히 고침 받은 것으로 끝나지 않고, 이 기적사건을 계기로 시리아의 복음화가 이루어진 것입니다. 200년 후 요나 선지자를 통해 앗수르의 수도 니느웨는 놀라운 부흥운동이 일어납니다. 이름 없는 한 여자아이의 소리 없는 전도가 이방 땅에 복음의 토대를 형성해 놓았습니다. 그리고 그 복음이 미래 지평을 바꾸어 놓았습니다. 200년 후에 니느웨 부흥을 일으킨 것입니다. 그는 이미 큰 숲을 이루는 한 알의 겨자씨였고, 한 숟가락의 누룩이었고, 부흥의 불씨였습니다. 그는 이름 없는 소녀, 무명의 영웅으로 큰 기적을 일으킨 것입니다.

오늘날도 마찬가지입니다. 우리가 유명인사가 되어야 큰일을 하는 것이 아닙니다. 이름 없이도 큰일을 이루는 필요한 사람이 될 수 있습니다. 국립묘지에 가보면 조용히 잠들어 있는 무명의 용사들이 많습니다. 오늘의 대한민국이 있기까지 그 무명용사들이 큰 기적을 일구어낸 것입니다. 사도 바울이 천명하는 것처럼 하나님은 무명의 사람들을 즐겨 쓰십니다(고전 1:27). 오히려 우리가 유명하지 않을수록 하나님의 능력이 힘차게 나타나고, 주님의 이름이 높임을 받습니다. 내가 알려지지 않아야 주님이 더 많이 알려집니다. 하나님은 잘난 체 하는 사람을 쓰시지 않습니다. 자기를 들어내지 않는 자, 기꺼이 낮추는 자를 귀하게 쓰십니다. 그러므로 우리는 오히려 무명의 사람으로 남고자 할 때 하나님께서 쓰실만하고 세상에 꼭 필요한 사람이 될 수 있습니다. 그래서 무명의 사람이 더 큰 기적을 가져옵니다. 자신의 이름을 가림으로써 하나님의 이름을 더 높이게 됩니다.

무명일지라도 소중하게 여기라

우리는 때때로 낮은 자의 말에 귀를 기울일 줄 알아야 합니다. 나아만 장군이 불치병을 고침 받게 된 것은 어린 소녀의 말도 소중히 여겼기 때문입니다. 그는 한 국가의 총사령관이었음에도 불구하고 낮은 자의 의견을 소중히 여겼습니다. 그래서 자기 나라 왕에게 이스라엘에서 포로로 잡아온 여자아이가 이러이러하게 말했다고 전합니다(4절). 어떻게 보면 체통이 없는 사람처럼 여겨질 수도 있습니다. 누가 들으면 웃기는 얘기입니다. 하지만 나아만의 아내도, 나아만도, 나아만의 왕도 자신들이 포로로 잡아온 한낱 작은 여종의 믿겨지지 않을 만한 말에 귀를 기울였습니다. 그 말을 듣고 즉각적으로 조치와 행동을 취합니다.

이것은 우리도 각별히 본받아야 할 자세입니다. 우리도 나아만 장군처럼 낮은 자의 의견에도 마음을 열고 귀를 기울여야 좋은 해답을 얻습니다. 귀가 열려야 인생의 문이 열립니다. 따라서 우리는 선입견이나 고집을 버리고 무명의 사람을 소중히 여겨야 인생이 열리고 미래가 열립니다. 기적이 일어날 수도 있습니다. 다른 사람의 생각이나 의견에 마음의 문을 열어야 합니다. 그래야 하나님의 음성도 들립니다.

지혜로운 사람의 특징은 경청입니다. 영적인 사람은 보이지 않는 것에 주목하고 들리지 않은 것을 들으려고 너욱 각별하게 경청하는 자세를 취합니다. '거룩한 사람'이라는 의미의 한자 성자聖者에서 '거룩할 성'자를 파자해보면 말하기보다 듣기(입보다 귀)를 세배로 한다는 뜻입니다. 동양의 현인들과 화상畵像을 보면 모두 귀를 실제보다 크게 그리거나 만듭니다. 얼굴이나 체구의 크기에 비해 귀가 굉장히 큽니다. 성숙한 사람일수록 그만큼 경청에 익숙한 자라는 메시지를 주고 있습니다.

이 점은 구원과 은혜의 얻는 신앙과 영성의 성숙에 있어서도 마찬가지 진리입니다. 예수님도 "하나님의 음성을 듣는 자는 살아나리라"라고 강조하셨습니다(요 5:25). 믿음은 들음에서 생깁니다. 말씀을 들어야 구원받을 수 있고, 말씀을 들을수록 믿음이 성장하며, 기적을 가능케 할 수 있습니다.

때때로 문제의 해결책은 멀리 있지 않고 가까이에 있습니다. 우리는 가까이 있는 사람을 소중하게 여겨야 합니다. 하찮게 무시하거나 함부로 대해서는 안 됩니다. 하나님은 가장 가까이에 있는 것 속에 보배를 담아두십니다. 하나님은 때때로 무명의 사람을 통해 큰 은혜를 베풀어주십니다.

> 당신은 세상이 아무리 하찮게 여겨도 내게는 소중한 분이십니다.
> 당신은 세상에서 아무리 작고 하찮더라도
> 주님은 당신을 위해 죽으셨습니다.

무명일지라도 자신 있게 살아가라

본문에 이름도 없이 간단히 등장하는 하찮은 작은 여종의 신앙은 본문 전체에서 가장 확고하고 아름다운 믿음과 확신입니다. 나아만이 불치병에 걸려 고생하다가 기적적 치유를 받았다는 것이 본문의 초점이 아니라 이 하찮은 여종과 그 믿음이 중심이 아닌가 생각합니다. 그 믿음이 얼마나 고귀하고 아름다운지를 돋보여주고 주목하게 만들기 위해 나아만 장군의 기적 치유가 들러리처럼 놓인 것입니다.

여종의 믿음은 죽은 믿음이 아닙니다. 역동적인 믿음, 담대한 믿음입니다. 여종은 자기 주인이 나병에 걸려 고통을 받는 모습을 보고 분명하게 말합니다.

> "그의 여주인에게 이르되 우리 주인이 사마리아에 계신 선지자 앞에 계셨으면 좋겠나이다 그가 그 나병을 고치리이다 하는지라"(왕하 5:3)

다시 말하자면, 여종은 나아만의 병은 사마리아에 있는 선지자가 고친다고 분명하게 말하고 있습니다. 고칠 가능성이 있다거나 고칠 수도 있다라고 한 것이 아닙니다. 엘리사 선지자의 능력에 대한 확신, 엘리사 선지를 사용하시는 하나님의 무한한 능력에 대한 심오하고 강력한 확신이 없다면 본문처럼 말할 수 없습니다. 3절의 진술은 여종의 처지에서는 목숨을 걸고 하는 말입니다. 만에 하나, 하나님께서 혹은 엘리사가 나아만의 병을 고치지 못하거나 고쳐주지 않는다면 여주인과, 강대한 나라의 최고 장군과, 국왕을 능멸한 죄로 죽게 될지 모르는 일입니다.

그럼에도 불구하고 담대하게 말한 것입니다. 분명코, 믿음의 확신이 저변에 단단히 깔려 있었기에 이렇게 말할 수 있었습니다. 어떤 난치병, 불치병도 하나님께서 고치신다는 분명한 확신, 나아만의 병환을 하나님께서 고쳐주신다는 믿음이 소녀에게 있었습니다. 얼마나 자신 있게 말했는지 나아만 장군과 시리아의 왕까지도 설복되었습니다. 하나님의 능력과 기적을 절대 확신했습니다.

본문을 자세히 분석해보면 매우 대칭적 구조를 이루고 있습니다. 하나님의 나라인 이스라엘을 통치하고 있는 요람 왕은 믿음이 없습니다. 본문 7절과 8절을 보면, 나아만이 병을 고쳐달라고 부탁하기 위해 찾아왔는데 오히려 사마리아의 통치자는 두려워하며 불안해합니다. 자기가 어떻게 나병을 고칠 수 있냐고 원통해 하고 울부짖습니다. 하나님의 능력을 신뢰하고 안수기도 받으러 왔는데 왜 하필 나에게 왔느냐고, 내가 어떻게 고쳐줄 수 있냐고 괴로워하는 것입니다. 하나님의 능력을 전혀 믿지 않기 때문입니다. 어린 소녀는 하나님의 능력을 확신했으나, 이스라엘 왕은 믿음이 없어 불안에 빠졌습니다. 오늘날에도 어린아이들은 잘 믿는데, 어른들은 잘 믿지 않습니다. 이 아이는 남의 나라에 포로로 끌려갔으나, 신앙은 결코 포로가 되지 않았습니다. 그는 믿음의 사람다운 분명한 정체성을 가지고 살았습니다. 신앙인으로 자신감을 갖고 살았습니다.

현대를 살아가는 그리스도인들은 그 어느 때보다도 신앙적 정체성을 확립해야 합니다. 자신감을 가지고 살아야 합니다. 최근 우리나라 대학가에서 학생들의 종교를 조사했더니 기독교 신앙을 가진 학생들은 대부분 쭈뼛하게 손을 들었고, 타종교를 신봉하는 학생들일수록 떳떳하게 손을 들어 표시했답니다. 그리스도인으로서의 분명한 정체성과 자신감을 가져야 합니다.

우리는 사회적인 신분이나 직급, 유명, 무명을 떠나서 하나님의 자녀입니다. 하나님께 사랑받는 존귀한 자며 하나님이 도와주시는 자입니다. 하나님이 함께 하는 자며 성령의 능력으로 살아가는 자입니다. 예수 이름의 권세를 가진 자며 기적이 가능한 자입니다. 그러므로 우리는 자신감을 가지고 살아야 합니다. 분명한 믿음의 확신으로 살아야 합니다. 놀라운 기적이 일어날 것입니다. 기적을 일으키는 자가 될 것입니다.

13장

은혜체험의
수준을
높이라

열왕기하 5:9~14

⁹나아만이 이에 말들과 병거들을 거느리고 이르러 엘리사의 집 문에 서니 ¹⁰엘리사가 사자를 그에게 보내 이르되 너는 가서 요단 강에 몸을 일곱 번 씻으라 네 살이 회복되어 깨끗하리라 하는지라 ¹¹나아만이 노하여 물러가며 이르되 내 생각에는 그가 내게로 나와 서서 그의 하나님 여호와의 이름을 부르고 그의 손을 그 부위 위에 흔들어 나병을 고칠까 하였도다 ¹²다메섹 강 아마나와 바르발은 이스라엘 모든 강물보다 낫지 아니하냐 내가 거기서 몸을 씻으면 깨끗하게 되지 아니하랴 하고 몸을 돌려 분노하여 떠나니 ¹³그의 종들이 나아와서 말하여 이르되 내 아버지여 선지자가 당신에게 큰 일을 행하라 말하였다면 행하지 아니하였으리이까 하물며 당신에게 이르기를 씻어 깨끗하게 하라 함이리이까 하니 ¹⁴나아만이 이에 내려가서 하나님의 사람의 말대로 요단 강에 일곱 번 몸을 잠그니 그의 살이 어린 아이의 살 같이 회복되어 깨끗하게 되었더라

Elishah

17세기 이후 서구 근대문명은 '이성'을 근간으로 발전하였습니다. 그래서 당시에는 감각, 지각, 감성을 열등한 것으로 간주하고 애써 무시하였습니다. 그러나 21세기 초반인 지금은 감각, 감성을 중시하는 소위 '체험의 시대'가 되었습니다. 미래학자 레오날드 스윗 Leonard Sweet 박사는 21세기를 간단히 'EPIC 시대'라고 정의하였습니다. 이때 'E' 즉, 체험 Experience을 가장 중시하여 첫째 요소로 꼽으면서 이렇게 설명합니다.

> "20세기까지 모던 시대에서는 설명 explanation을 중시 했으나,
> 21세기 포스트모던 시대는 경험 experience을 최우선으로 한다.
> 그러므로 우리는 더 이상 이해시키려하지 말고, 경험시켜줘야 한다."

체험 혹은 경험이 우선시 되는 시대입니다. 그래서 학교 교육에서도 체험학습의 중요성을 인정해서 학생들에게 다양한 현장을 직접 가보게 하고 경험하게 합니다. 삶은 곧 경험입니다. 경험의 연속입니다. 경험이 쌓이고 숙성되어야 합니다. 인간 사회는 해 아래 새 것이 없습니다. 최근 들어 경험을 강조하는 운동은 이미 그리스 철학에서부터 강소했습니다. 모든 학문직 이론에는 경험이 기초되어야 합니다. 그래서 과학에서도 형식과학과 함께 경험과학을 중시합니다. 실험을 통한 실증이 뒷받침 되어야 학문적 이론이 성립될 수 있기 때문입니다. 이것이 소크라테스의 형이상학을

발전시킨 아리스토텔레스의 학문적 성과입니다.

신앙도 마찬가지입니다. 신앙생활이란 이론이 아니라, 체험입니다. 기독교의 본질은 체험적 신앙입니다. 성경에서 하나님을 안다는 표현은 곧 하나님을 경험한다는 뜻입니다. 하나님의 은혜를, 사랑을, 능력을 체험해야 합니다. 그리고 기도응답을, 기적을 체험해야 합니다. 우리는 하나님의 도우심을 생생하게 체험할 수 있습니다. 때로는 신비를 체험할 수 있습니다.

예수님을 인격적으로 만난 사람들은 모두가 변화를 체험했습니다. 하나님의 사랑을 감격적으로 체험했습니다. 성령으로 거듭나는 신비한 은혜와 능력을 체험한 것입니다.

신앙생활의 연륜이 쌓여갈수록 은혜체험의 단계가 높아져야 합니다. 그렇다면 은혜를 경험하지 못하도록 가로막고 있는 장애물부터 먼저 제거하기 위해 우리는 기본적으로 다음 두 가지를 해야 합니다.

첫째, 자존심을 버려라.

본문에 등장하는 나아만을 통해서 자존심을 버려야 은혜를 받을 수 있다는 교훈의 본보기를 발견합니다. 자기 나라의 최고위 장군이며 왕의 극진한 총애를 받는 장군인 나아만이 어느 날 갑자기 한센 병에 감염되었습니다. 인류는 오랫동안 문둥병 혹은 나병으로 부르면서 단지 불치병이 아니라 저주받은 천형天刑으로 여겼습니다. 1873년에 노르웨이 사람 한센Gerhard Henrik Armauer Hansen, 1841-1912이 최초로 병원균을 발견하고 1940년대에 치료제를 개발하였고 1983년에 이르러서야 불치병에서 '완치병'으로 바뀝니다. 그러니 열왕기 시대에는 저주받은 불치병이었습니다.

그런데 자기 집의 하녀로부터 이스라엘의 선지자 엘리사한테 가서 안수기도 받으면 나을 수 있다는 이야기를 듣습니다. 그래서 왕의 친서를 받아 이스라엘로 내려가 엘리사 선지자의 집으로 찾아갔습니다. 병 치료를 받으려고 왔음에도 불구하고 '자존심'을 내세웁니다. 최소한의 자존심이든 지나친 자존심이든 이 자존심이 치유를 향한 발걸음을 가로막습니다.

본문 11절에 그 정황이 나옵니다. 자신의 자존심을 '분노'로 표출하고 합리화합니다. 나아만이 화가 나서 발길을 돌리며 "내 생각에는 어쩌구 저쩌구"라고 주장합니다. 오늘날 우리도 내 생각, 내 주장으로 그럴듯하게 설명하고 합리화합니다. 결론은 자신은 불치병에서 벗어나고 싶고 낫고 싶지만 자존심 때문에 치유의 은혜를 못 받습니다. "아! 그때 너무나 화가 나서 그랬어!"라고 변명할 수는 있지만 얼마나 불쌍합니까? 얼마나 어리석은 행위입니까?

저는 목회 현장에서 자존심이 강하여 은혜 받지 못하는 사람들을 봅니다. 은혜는 못 받고 도리어 감정적 상처만 받는 경우들도 봅니다. 나아만처럼 하기 때문입니다. 나아만 장군은 엘리사를 찾아와서, 엘리사 앞에까지 와서도 자기 생각을 앞세웁니다. 자존심을 내세웁니다. 나아만은 최고로 인정받는 장군이고, 국방장관이며, 왕도 인정해주는 크고 존귀한 자로서, 전쟁영웅이라는 것은 사실입니다. 그러나 지금 나병환자요 불치병자요 산송장이라는 것도 사실입니다. 자기는 지금 엘리사 앞에 병을 고쳐달라고 부탁하러 온 사실을 잊은 것입니다. 자존심에 속고 있는 것입니다. 껍데기는 화려하나 속은 썩어가고 있는 자신을 외면하도록 만들고 있는 것입니다. 잘못된 자존심일수록 속이 썩어 있는 것입니다. 내면을 더욱 병들게 만듭니다. 이것이 오늘 우리의 모습일 수 있습니다. 겉은 화려하나, 속은 멍들어 내면의 치유가 필요합니다. 오늘 우리는 오직 하나님의 은혜가 필요한 자임을 고백하시기 바랍니다.

둘째, 부정적인 생각을 버려라.

본문 12절을 보면, 나아만은 엘리사 선지자의 처방에 부정적 반응을 보입니다. 요단강 물이 자기 나라 시리아의 다메섹 강물보다 훨씬 못하다고 부정적으로 해석합니다. 그는 자기가 과거에 목욕해 본 경험과 비교하여 하나님의 치유방법을 못미더워 합니다. 그동안 좋은 온천, 명산병수 다 찾아가 봤다는 것입니다. 그처럼 좋다는 곳에 다 가 봤어도 낫지 않았는데, 그래 이까짓 요단강 흙탕물이 나에게 무슨 효험을 줄 수 있단 말인가!

우리 교회에 의사 선생님들이 많습니다. 의사가 치료하기 가장 어려운 환자는 자존심이 강하고 부정적인 사람이라고 합니다. 의사의 처방대로 따르지 않고, 자기 소견대로 하는 환자는 치료가 힘들다고 합니다. 사람은 언제나 자기경험에 비추어서 하나님의 능력을 제한시키려는 부정적 근성 때문에 은혜를 못 받습니다. 남들은 다 은혜 받고 행복하게 신앙생활 하는데 스스로 도태될 수 있는 것입니다.

그러면 우리가 어떤 태도를 가져야 은혜의 단계를 높일 수 있을까요?

비운 마음

나아만 장군은 성품이 참 좋은 것 같습니다. 자신의 부정적인 편견과 자존심을 쉽게 내려놓습니다. 그는 아랫사람의 말을 잘 듣는 편이었습니다. 시리아 제국의 국방장관이 어린 하녀의 충고를 듣고 엘리사를 만나러 왔습니다. 그리고 엘리사의 종의 전갈을 듣고 요단 강에 들어갑니다. 또 자신의 종들의 충고를 듣고 요단 강물에 일곱 번이나 들어갑니다. 이처럼 자아를 비우고 낮은 자리 마음으로 내려가야 은혜를 받습니다. 웅장한 계급장, 화려한 훈장, 값비싼 치장, 신분의 허세를 다 훌훌히 벗어버리고 낮아져야 은혜를 받습니다. 본문 14절 표현 그대로 높은 말 등에서 낮은 자리로 내려와야 했고 권력의 마차에서 내려와야 했으며 모든 화려한 제복을 벗어야 했습니다. 오늘 우리도 나아만처럼 자신의 체통을 일곱 번씩이라도 흙탕물속에 묻어 버려야 합니다. 그는 어린 부하들이 지켜보는 가운데 자기를 완전히 비웠습니다. 일곱 번이나 반복했습니다. 이것이 비움의 영성입니다.

교육학에서 말하는 학습이론에도 두 가지 균형을 가르쳐줍니다. 하나는 채우는 학습이고, 다른 하나는 버리는 학습입니다. 우리가 보통 체험하는 학습방식은 채우는 학습으로, 모르는 것을 터득하는 학습입니다. 그런데 버리는 학습은 내가 이미 체득하고 있는 무언가를 폐기하는 것입니다. 기존의 정보나 지식을 비워내야, 새로운 것으로 채워지는 것입니다. 건강의학에서도 채움과 비움의 균형을 강조합니다. 먹기만 하고 배설하지 않는다면 우리의 몸은 병들게 됩니다. 그래서 변비가 무서운 것입니다. 변비가 대장암을 유발시킵니다. 속에서 썩어서 생기는 것입니다. 한 마디로 꽉 찬 것만이 좋은 것은 아닙니다. 비워야 더 좋은 것으로 채워집니다. 악기도 속이 비움 상태여야 아름다운 소리가 납니다. 바이올린, 비올라, 첼로 같은 악기는 그 속이 비어 있기에 그 빈 공간으로부터 아름다운 선율이 나옵니다.

우리는 자존심을 버리고, 부정적인 선입관과 편견을 버리고, 마음을 깨끗이 비울수록 하나님의 은혜가 채워질 줄 믿습니다. 비움의 영성을 갖출수록 은혜의 단계가 깊어지고 높아집니다.

단순한 마음

은혜를 쉽게 받는 사람들의 공통분모는 '단순성'입니다. 나아만 장군의 훌륭한 점은 마음의 단순성입니다. 자신의 신분의식과 자존감을 깨끗이 비우는 단순한 마음입니다.

이것이 군인다운 모습입니다. 군인들은 단순합니다. 우리 교회에도 고급장교 출신들이 많습니다. 현직 장교들도 여러 명 있습니다. 군인들의 특성은 단순성입니다. 신앙도 단순합니다. 나아만 장군은 어린아이의 말을 잘 들었기 때문에 그의 피부도 어린아이의 살결처럼 새 살로 돌아와 깨끗이 나았습니다.

마음이 단순할수록 깨끗한 은혜를 받아 날마다 새로워집니다. 신앙이 단순한 사람일수록 하나님께 초점을 맞추고 삽니다. 그냥 하나님의 말씀대로 살아갑니다. 본문 14절을 다시 보십시오. 나아만은 하나님의 사람의 말대로 순종하며 실행합니다. 하나님의 사람이 시킨 그대로 합니다.

오늘 이 시대야말로 복잡함에서 단순함으로의 회귀가 필요합니다. 현대 사회는 너무나 복잡하기 때문에 삶을 힘들고 지치게 만듭니다. 그래서 마음과 생각이 복잡할수록 삶이 초라해집니다. 단순할수록 깊이 있는 사람이 됩니다. 마음이 단순할수록 순수해지고 자연스러워 집니다. 사귀기 쉽고, 부담이 없으며 가까이 하기가 편해 인간관계를 맺기가 좋습니다. 사람은 생각이 복잡할수록 마음이 산만하고, 단순할수록 한 가지에 집중합니다. 따라서 신앙이 단순할수록 하나님께만 집중합니다. 분석하거나 따지지 않고 믿습니다.

토마스 켈리는 신앙이 단순할수록 '거룩한 중심'을 가지고 살게 된다고 말합니다. 신앙이 단순할수록 하나님께 초점 맞추어 삽니다. 단순하게 살수록 믿음으로 하나님을 체험합니다. 실존적 체험 신앙을 강조했던 덴마크의 철학자 쇠렌 키엘케골은 단순한 신앙을 이렇게 예찬합니다.

"당신이 만약 하나님께 전적으로 순종한다면 당신에게는 모호한 말이 없어진다. … 그리고 당신은 하나님 앞에서 단순해진다. … 사탄의 모든 궤계와 유혹의 모든 수단으로도 불시에 빼앗아 갈 수 없는 것이 하나 있는데, 그것이 바로 단순성이다."

단순한 신앙으로 살수록 하나님을 체험하는 은혜 속에 삽니다. 우리는 단순하게 살수록 애벌레에서 나비로 비상하는 것과 같은 효과를 얻습니다. 애벌레가 고치 속에 갇혀 있는 한 절대로 날 수 없습니다. 그러나 고치를 뚫고 나와 나비가 되면 푸른 하늘을 향해 자유롭게 훨훨 날아다니는 행복을 누립니다. 이처럼 우리는 단순한 신앙으로 살수록 은혜 안에서 자유함을 누리며 비상하게 됩니다.

모든 자존심을 버리고 마음을 비워야 은혜체험의 단계가 높아집니다. 마치 나아만 장군의 살이 새롭게 회복된 것처럼 날마다 기적인생을 살게 될 것입니다.

14장

다 함께
성령의 기적을
일으키라

열왕기하 6:1~7

¹선지자의 제자들이 엘리사에게 이르되 보소서 우리가 당신과 함께 거주하는 이 곳이 우리에게는 좁으니 ²우리가 요단으로 가서 거기서 각각 한 재목을 가져다가 그 곳에 우리가 거주할 처소를 세우사이다 하니 엘리사가 이르되 가라 하는지라 ³그 하나가 이르되 청하건대 당신도 종들과 함께 하소서 하니 엘리사가 이르되 내가 가리라 하고 ⁴드디어 그들과 함께 가니라 무리가 요단에 이르러 나무를 베더니 ⁵한 사람이 나무를 벨 때에 쇠도끼가 물에 떨어진지라 이에 외쳐 이르되 아아, 내 주여 이는 빌려 온 것이니이다 하니 ⁶하나님의 사람이 이르되 어디 빠졌느냐 하매 그 곳을 보이는지라 엘리사가 나뭇가지를 베어 물에 던져 쇠도끼를 떠오르게 하고 ⁷이르되 너는 그것을 집으라 하니 그 사람이 손을 내밀어 그것을 집으니라

Elishah

제가 섬기고 있는 지구촌교회는 벤처교회로 유명합니다. 지구촌 교회가 건축 될 때만 하더라도 건물 자체가 21세기 새로운 패러다임 쉬프트를 시도한 것입니다. 특히 벤처신앙으로 미러클 컴플렉스를 이루었습니다. 그 당시 출석교인은 350명, 재정잔고는 70만 원이 총액이었습니다. 거기다가 우리나라 경제는 IMF로 최악의 위기상황에 있었습니다. 그런데도 벤처신앙으로 지하 4층, 지상 10층, 연건평 2천 평, 땅값을 포함해 총공사비 127억 8천만 원의 기적을 이루었습니다.

저는 교회건물을 소유하는 데 의미를 두지 않고, 건물을 가치 있게 사용하는 데 의미를 부여합니다. 그래서 지역사회를 위해 개방하고, 문화센터, 선교센터로 최대한 활용하고 있습니다. 그야말로 다목적 다기능으로 풀가동하고 있습니다. 지역사회 여러 기관, 단체, 그리고 아이들부터 어른에 이르기까지 모두가 일주일 내내 마음껏 활용하고 있습니다. 요즘은 교육관인 '드림홀'까지 많이 사용되고 있습니다. 저희 지구촌 교회는 힘찬 부흥과 성장을 이루어나가기 위해 모두가 최선을 다하고 있습니다.

그러면 우리가 어떻게 해야 성령께서 기적의 역사를 일으키는 교회가 될 수 있을까요?

다 함께 열심히 모이는 교회

엘리사의 기적이야기는 현대교회가 어떻게 건강한 부흥과 성장을 이룰 수 있는지 기본원리를 가르쳐줍니다. 본문에서 파악할 수 있듯이, 엘리사 시대의 여리고 신학교는 매우 힘찬 성장을 이루고 있었습니다. 특히 젊은이들이 많이 모였습니다.

우리가 어느 정도 알다시피 엘리야 시대는 성장이 정체되어 있었던 반면, 엘리사 시대는 힘찬 성장과 함께 많은 젊은이들이 헌신에 뛰어들었습니다. 그래서 학교 교실과 기숙사가 너무나 비좁았습니다. 공간이 부족하여 몸을 움직이기 힘든 지경이 되었습니다.

교회도 이런 건강한 부흥현장이 이루어져야 합니다. 공간이 부족해지는 행복한 현실에 부딪혀야 합니다. 21세기 교회는 젊은이들이 찾아오는 교회가 되어야 합니다. 젊은이들이 변화를 체험하고 비전의 사람이 되는 교회가 되어야 합니다. 동시에 아이들도 많아져야 합니다. 미래 주역들을 키우는 건강한 교회가 되어야 합니다. 그래서 교회는 계속 좁아져야 합니다. 그 비결은 간단합니다. 전교인이 열심히 모이면 됩니다. 예수님의 약속대로 모두가 함께 열심히 모이면 그 자리에 주님이 함께하여 주십니다. 그러면 공간이 좁아집니다. 크신 주님이 들어오시기 때문입니다.

모든 교인들이 예배도 열심히 모여서 함께 드리고, 성경공부 모임에도 열심히 참여하고, 기도모임에도 모두가 뜨거운 가슴으로 모일 때 성령의 기적이 일어납니다. 사도행전을 보면 모든 성도들이 함께 모여 뜨겁게 기도할 때 병고침의 기적과 귀신들린 자가 나음을 받는 역사가 일어났습니다. 그래서 교회가 힘차게 부흥했습니다. 함께 모이고 서로 격려하면 성령께서 역사하십니다. 함께 모여 서로 격려하여 굳세게 하는 것은 교회의 존재 목적 가운데 하나입니다. 그렇게 행동하는 것은 하나님의 핵심적인 관심사를 성취하기 위해 힘을 쓰는 것입니다. 그러므로 성령 하나님께서도 즐거이 역사하십시다.

미국 샌프란시스코의 랜드 마크인 '금문교'는 최초의 현수교로 그 아름다움과 웅장함으로 유명합니다. 금문교는 지진이 빈번하고 약한 지반 위에 넓이가 6차선에 길이가 2,825미터 길이의 육중한 교량입니다. 그 무거운 다리뿐만 아니라 시속 100km의 강풍을 이겨내야 합니다. 그 모든 무게를 두 개의 주탑에 걸친 케이블에 대롱대롱 매달아놓은 것입니다. 그 엄청난 무게의 다리를 붙들어주는 힘은 수많은 철사들의 '함께 함'에 있습니다.

227미터 높이의 주탑에 매어 있는 1미터 굵기의 케이블 즉, 철선은 한 통으로 된 쇠붙이가 아닙니다. 그 안에는 우리 머리카락보다 약간 굵은 1번 철사 2만 7천 개의 가닥이 '함께 모여' 있습니다. 한 가닥 한 가닥은 맨손으로 접었다 폈다를 반복하면 끊을 수 있을 만큼 약하지만, 2만 7천 개가 함께 붙어 있을 때는 1937년에 완성

된 이후 지금까지, 최근에는 일 년에 평균 4천만 대의 차량이 통행하는 그 엄청난 하중을 지탱하는 경이로운 힘을 발휘합니다. 이것이 곧 '연합'의 힘입니다. 시너지 효과입니다.

식물학자들의 분석에 의하면 큰 나무는 몇 십 년, 몇 백 년 고목이 되어도 넘어지지 않는다고 합니다. 모든 비바람을 견디어내는 비밀이 있기 때문입니다. 큰 나무 밑을 파보면 그처럼 덩치가 큰 나무도 자기 뿌리를 다른 나무들의 뿌리 속에 서로 엉켜 놓고 있기 때문에 결코 넘어지지 않는다는 것입니다. 이것이 연합과 상부상조의 원리입니다. 이런 연합과 팀워크가 하나님 나라의 기초입니다. 두세 사람만 함께 해도 놀라운 능력이 나타납니다. 예수님께서 플러스알파로 크고 강하게 역사해주십니다.

모래는 아무리 많이 담아놓아도 힘이 없습니다. 서로 분리되어 있기 때문입니다. 그러나 시멘트 콘크리트는 연합의 강력함을 보여줍니다. 시멘트로 연합된 모래는 큰 건물을 높이 쌓아갈 수 있습니다. 어떤 의미에서 우리는 모래알에 불과하던 자들입니다. 그런데 예수님의 십자가 보혈로 연합하여 교회공동체를 이룬 것입니다. 이것 자체도 이미 기적입니다. 그러므로 우리가 더욱 순종하여 다함께 더욱 열심히 모일수록 성령의 더 크고 놀라운 기적이 일어납니다.

다 함께 과감히 도전하는 교회

여리고의 신학생들이야말로 문제와 위기에 굴하거나 피하지 않고 과감히 도전하여 헤쳐나가는 '벤처신앙'을 가진 본보기입니다. 이번에는 학교 공간이 비좁은 현실적 문제에 직면하여 이 문제를 풀기 위해 함께 연합하여 문제에 도전하는 모습을 보여줍니다.

본문 2절을 보면 그들은 자기들이 직접 요단 강 가로 나가서 벌목을 해다가 증축하겠다고 자원합니다. 그리고는 엘리사 선지자도 함께 가서 일하자고 부탁합니다. 모두가 함께 과감한 모험을 시도하자는 것입니다. 그야말로 벤처신앙의 주역들입니다. 본문을 자세히 보면 '우리가'라는 말을 다섯 번이나 반복하고, '함께'라는 말을 세 번이나 반복합니다(1, 3, 4절). 그들은 가난했으나 자립정신으로 협동했습니다. 모두가 요단 강 가에 가서 나무를 베어 건축자재를 자급자족했던 것입니다.

기업도 팀워크가 잘 이루어져야 생산성이 높습니다. 회사를 뜻하는 '컴퍼니' Company라는 단어는 '함께'라는 뜻을 지닌 '컴' com과 '빵'을 의미하는 '패니' pany가 합성되어 만들어진 말입니다. 한자어로도 비슷합니다. '기업' 企業이라는 말은 사람人이 모여서止 함께 일業하는 곳이라는 뜻입니다. 즉 회사는 상생공존하기 위해 모인 사람들이 힘을 합쳐 일하는 곳입니다. 잘 뭉칠수록 강력해지고 과감하게 도전할 때 보다 큰 프로젝트를 달성하여 너욱 발전합니다.

교회야말로 더욱 그렇습니다. 함께 믿음으로 사는 공동체입니다. 함께 비전을 이루어나가는 벤처 공동체입니다. 그러므로 교회는 모든 교인들이 한 마음, 한 뜻으로 연합해야 합니다. 함께 비전을 추진해 나가야 합니다. 교회는 모든 성도들이 '우리의식'we-ness을 가져야 힘차게 부흥합니다. 기독교 교리의 핵심인 성부, 성자, 성령, 삼위일체 신학은 완벽한 연합과 팀워크를 본질로 하고 있습니다. 그래서 성경은 하나님께서 말씀하실 때에도 '우리,' '함께'라는 표현을 자주 하십니다.

여리고 신학교의 학생들과 교장이 하나가 되어 함께 건축을 이룬 것처럼 우리도 교회와 비전을 위해 함께 힘을 모아야 합니다. 성령님은 함께 일하는 교회를 축복하십니다. 기적도 일으켜주십니다. 우리가 함께 과감한 벤처 신앙으로 팀워크를 이루면 못할 일이 없습니다.

제가 쓴 책 중에 교회건축을 위해 아주 실제적인 지침을 주고 있는 책이 『벤처교회 벤처건축』입니다. 추천사를 강준민 목사님이 써주셨습니다. 강준민 목사의 추천사에 우리 교회의 성격을 탁월하게 정리해주신 내용이 있습니다. 현철한 안목을 가진 다른 목사님의 눈에 우리 교회가 어떤 모습으로 보이는지 간단히 들어봅시다.

"모험하는 인생은 아름답습니다. 모험을 이야기 하는 사람은 많지만,

모험하는 사람은 적습니다. 최근에 저는 모험을 말하면서 모험하는 삶을 사는 분을 만났습니다. 벤처목회를 하시는 조봉희 목사님이십니다. 조 목사님은 지성을 겸비한 영성과 농부와 같은 소박함으로 목회하는 선한 목자이십니다. 벤처건축을 이룬 지구촌교회의 아름다움은 건물에 있기 보다는 목회자와 성도들의 성숙한 인격 속에 있습니다. 벤처건축을 하면서 믿음이 성장했고, 인격이 성숙해진 것입니다. 교회당을 건축하는 것은 수단이지 결코 목적이 될 수 없습니다. 건축의 참된 목적은 건물을 건축하는 과정에서 성도들의 믿음을 건축하는 데 있습니다."

이제 지구촌교회는 자타가 인정하는 벤처교회입니다. 십여 년 전 그저 그런 작은 교회에 불과하였을 때 우리는 과감히 모험을 시도하였고, 성령의 도우심과 부흥의 기적을 베푸셨습니다. 이토록 우리가 벤처신앙으로 과감하게 모험할수록 성령님이 역사해주십니다.

다 함께 분명한 믿음을 가진 교회

여리고 신학교는 재정형편이 어려웠습니다. 이미 4장에서도 살펴보았듯이 매우 가난했습니다. 살림살이가 아무것도 없었습니다. 얼마나 가난했는지 연장 하나도 없었습니다. 그래서 동네에 나가 나무를 베는 도끼를 빌려 왔던 것입니다. 그런데 그 도끼를 연못에 빠뜨리고 말았습니다. 그곳이 깊어서 그랬는지, 늪지대여서 그랬는지, 들어가서 꺼내올 수가 없었습니다. 이런 상황에서 그들은 하나님의 능력을 분명히 믿으므로 쇠도끼를 떠오르게 한 것입니다. 본문 7절에서 그 진리를 보여줍니다.

"너는 그것을 집으라 하니 그 사람이 손을 내밀어 그것을 집으니라"(왕하 6:7)

교회 일은 모든 교인들이 함께 믿음의 손을 내밀 때 성령의 기적이 일어납니다. 믿음의 손을 내밀어 잡으라는 명령에는 오직 순종만이 필요합니다. 명령에 순종하여 믿음의 손을 내밀어 잡을 때 성령의 역사가 나타나고 기적이 일어납니다. 예수님께서도 중풍병으로 손이 마른 자에게 믿음으로 손을 내밀라고 말씀하시므로 기적을 체험시켜주었습니다. 베드로도 물속에 빠져 들어가다가 믿음의 손을 내밀 때 다시 물위로 나오는 기적을 체험했습니다.

요즘 시대야말로 벤처신앙의 과감한 모험이 필요합니다. 성령의 기적 체험이 필요합니다. 영락교회 건축이야기가 감동적입니다. 개척 초기에 출석교인이 152명이었는데, 100% 모두가 건축헌금을 드리기로 작정했습니다. 한경직 목사님은 어차피 어려운 시대이니까 열흘 먹을 것만 남겨 놓고 가진 것 전부를 건축 헌금으로 드리자고 호소했습니다. 그러자 152명 중 47명이 열흘 먹을 것만

남겨 놓고 가진 것 전부를 건축 헌금으로 드렸습니다. 그런데 더욱 놀라운 사실은, 그때 헌신했던 사람들 47명 모두가 1970년도 당시 우리나라 우수기업 200위 안에 들어가는 축복을 받았다는 것입니다. 한경직 목사님은 "교회는 축복받고 영광을 누리는 곳이다"라고 강조했다고 합니다. 얼마나 멋있습니까? 오늘날 우리의 교회들도 이런 성령의 역사가 일어날 수 있기를 바랍니다. 대한민국의 모든 성도들이 다 함께 성령의 기적이 일어나는 교회를 만들어갑시다!!!

15장

하나님의 사람으로 살아가라

열왕기하 6:8~23

⁸그 때에 아람 왕이 이스라엘과 더불어 싸우며 그의 신복들과 의논하여 이르기를 우리가 아무데 아무데 진을 치리라 하였더니 ⁹하나님의 사람이 이스라엘 왕에게 보내 이르되 왕은 삼가 아무 곳으로 지나가지 마소서 아람 사람이 그 곳으로 나오나이다 하는지라 ¹⁰이스라엘 왕이 하나님의 사람이 자기에게 말하여 경계한 곳으로 사람을 보내 방비하기가 한두 번이 아닌지라 ¹¹이러므로 아람 왕의 마음이 불안하여 그 신복들을 불러 이르되 우리 중에 누가 이스라엘 왕과 내통하는 것을 내게 말하지 아니하느냐 하니 ¹²그 신복 중의 한 사람이 이르되 우리 주 왕이여 아니로소이다 오직 이스라엘 선지자 엘리사가 왕이 침실에서 하신 말씀을 이스라엘의 왕에게 고하나이다 하는지라 ¹³왕이 이르되 너희는 가서 엘리사가 어디 있나 보라 내가 사람을 보내어 그를 잡으리라 왕에게 아뢰기를 이르되 보라 그가 도단에 있도다 ¹⁴왕이 이에 말과 병거와 많은 군사를 보내매 그들이 밤에 가서 그 성읍을 에워쌌더라 ¹⁵하나님의 사람의 사환이 일찍이 일어나서 나가보니 군사와 말과 병거가 성읍을 에워쌌는지라 그의 사환이 엘리사에게 말하되 아아, 내 주여 우리가 어찌하리이까 하니 ¹⁶대답하되 두려워하지 말라 우리와 함께 한 자가 그들과 함께 한 자보다 많으니라 하고 ¹⁷기도하여 이르되 여호와여 원하건대 그의 눈을 열어서 보게 하옵소서 하니 여호와께서

그 청년의 눈을 여시매 그가 보니 불말과 불병거가 산에 가득하여 엘리사를 둘렀더라 [18]아람 사람이 엘리사에게 내려오매 엘리사가 여호와께 기도하여 이르되 원하건대 저 무리의 눈을 어둡게 하옵소서 하매 엘리사의 말대로 그들의 눈을 어둡게 하신지라 [19]엘리사가 그들에게 이르되 이는 그 길이 아니요 이는 그 성읍도 아니니 나를 따라 오라 내가 너희를 인도하여 너희가 찾는 사람에게로 나아가리라 하고 그들을 인도하여 사마리아에 이르니라 [20]사마리아에 들어갈 때에 엘리사가 이르되 여호와여 이 무리의 눈을 열어서 보게 하옵소서 하니 여호와께서 그들의 눈을 여시매 그들이 보니 자기들이 사마리아 가운데에 있더라 [21]이스라엘 왕이 그들을 보고 엘리사에게 이르되 내 아버지여 내가 치리이까 내가 치리이까 하니 [22]대답하되 치지 마소서 칼과 활로 사로잡은 자인들 어찌 치리이까 떡과 물을 그들 앞에 두어 먹고 마시게 하고 그들의 주인에게로 돌려보내소서 하는지라 [23]왕이 위하여 음식을 많이 베풀고 그들이 먹고 마시매 놓아보내니 그들이 그들의 주인에게로 돌아가니라 이로부터 아람 군사의 부대가 다시는 이스라엘 땅에 들어오지 못하니라

Elishah

캐나다의 목회자로서 당시 세계적으로 존경을 받던 오스왈드 스미스가 쓴 「하나님이 쓰시는 사람」이라는 책은 이렇게 운을 땝니다.

"1927년 11월 8일, 나의 서른여덟 번째 생일에 나는 이런 기도를 하였다. '주여, 나를 당신의 마음에 합한 사람으로 만들어주소서.' 그날 나는 내 서재에서 왔다 갔다 하면서 성령으로 기도하며 또 기도했다. '주여, 나를 당신의 마음에 합한 사람으로 만들어주소서.'"

인생의 최고 행복은 하나께서 쓰시는 사람이 되는 것입니다. 하나님의 손에 붙잡힌 도구가 되는 것입니다. 아무리 돈을 많이 벌어도, 아무리 똑똑하고 유능하고 출세를 하더라도, 성공했다고 아무리 많은 사람이 칭찬하고 존경하더라도 구원받지 못하면 아무 소용없습니다. 구원받았더라도 하나님께 귀하게 쓰임 받지 못하면 '무용지물'입니다. 하나님께서 영원 전부터 우리를 사랑하셨다면 틀림없이 우리를 구원에 이르게 하실 것이고, 우리가 구원받았다면 틀림없이 우리를 사랑하신 것입니다. 구원받은 우리를 하나님의 크고 선한 일에 사용하신다는 것은 하나님의 영광의 목적에 적질하게 변화시기시고 최종적으로 하나님의 영광에 함께 할 수 있도록 만들어주신다는 뜻입니다. 그러므로 구원에 이르게 하는 것보다 더 큰 사랑을 받는다는 것입니다. 그러기에 우리가 하나님의 사람으로 쓰임 받는다는 것은 피조물이 누릴 수 있는 최고의 축복이요, 행복입니다.

성경에 '하나님의 사람'이라는 명예로운 호칭을 받은 사람들이 있습니다. 요셉, 모세, 사무엘, 다윗, 엘리야, 엘리사 그리고 신약성경에서는 디모데를 하나님의 사람이라고 부릅니다. 특히 엘리야 선지자를 하나님의 사람이라고 일곱 번 부르는 반면, 엘리사는 열두 번이나 하나님의 사람으로 불립니다. 그만큼 하나님의 사람답게 살았던 인물이며 그만큼 하나님께서 쓰신 인물입니다.

그렇다면 우리는 하나님의 사람으로 즉, 하나님께서 쓰시는 사람의 삶의 특징을 살펴보도록 합시다.

하나님을 크게 보며 살아갑니다

엘리사 시대의 이스라엘은 대내외적으로 큰 어려움을 겪고 있었습니다. 국내 상황은 극심한 가뭄과 흉년으로 민생고를 겪고 있었으며, 대외적으로는 아람제국이 자주 침공했습니다. 그동안 위기를 잘 넘기고 있었는데, 이번에는 아람제국의 특수부대가 이스라엘 도담 성을 사면으로 포위했습니다. 도담 성은 평지에 있었기 때문에 사면초가에 놓일 수밖에 없었습니다.

엘리사의 젊은 시종은 성을 둘러싼 군대를 보고 놀란 토끼가 되어 허겁지겁 상황을 보고합니다(15절). 그런데 하나님의 사람 엘리사는 전혀 요동치 않고 오히려 여유 만만한 반응을 보입니다.

> "두려워하지 말라 우리와 함께 한 자가 그들과 함께 한 자보다 많으니라" (왕하 6:16)

엘리사는 시종이 보지 못하는 것을 보았습니다. 눈에 보이지 않는다고 해서, 깨닫지 못한다고 해서 존재하지 않는 것이 아닙니다. 눈에 보이지 않는 우리 편의 수가 더 많고, 눈에 보이지 않는 우리 편의 힘과 능력이 더 강력하다는 것을 알고 있기에 마음에 깊은 평안이 있었던 것입니다. 우리도 삶의 현장에서 뜻밖의 사면초가와 같은 암담한 상황이 벌어질 때가 있습니다. 그때야말로 하나님의 무한히 크심을, 있는 그대로 크게 보는 믿음의 안목이 필요합니다. 오스틴 J. Osteen의 말처럼 '문제를 확대하지 말고, 하나님을 확대'해야 합니다. 사도 요한도 우리 안에 계신 이가 세상에 있는 자보다 크시다고 선언합니다(요일 4:4).

믿음이 없을수록 세상을 크게 봅니다. 당연히 기가 죽습니다(15절). 믿음이 없는 사람의 눈에는 하나님도, 하나님의 능력도, 하나님의 영광도 보지 못하기 때문입니다. 믿음이 없을수록 영적 지각 능력이 둔해지기 때문입니다. 하나님의 임재와 능력을 전혀 모르게 되니 세상과 세상의 세력만이 느낄 뿐입니다. 반면에, 믿음으로 살수록 하나님의 위대하심과 그 능력의 무한함을 더욱 더 크게 깨닫습니다. 그래서 그 어떤 문제보다도 하나님께서 크시다는 사실을 인정하게 됩니다. 다윗의 고백에서 이 진리를 확인할 수 있습니다.

> "어떤 사람은 병거, 어떤 사람은 말을 의지하나 우리는 여호와 우리 하나님의 이름을 자랑하리로다"(시 20:7)

다윗은 천만인이 자기를 대적하여 사방에 진을 쳐도 결코 두려워하지 않는다고 선언합니다. 다윗은 군대가 자기를 치려고 에워싸도 결코 무서워하지 않았고, 오히려 하나님만 더욱 의지하였다고 고백합니다(시 3:6, 27:3). 다윗은 자기를 치러온 천만인의 군대를 보았습니다. 원수들의 강력한 마병馬兵을 분명히 보았습니다. 반면에 자신을 사랑하시는 하나님의 '이름,' 단지 그 이름 '여호와'의 위대성도 확실히 보았습니다. 두 가지를 다 보았고, 다 보았기에 비교할 수 있었고, 올바른 분별력을 가졌기에 하나님의 단지 그 이름만으로도 넉넉히 이긴다는 사실을 알 수 있었습니다. 천군천사가 필요 없을 정도로, 별도로 군대를 동원할 필요가 없을 정도로, 세상 끝에서부터 도움을 구할 필요가 없을 정도로, 위대하고 강력한 하나님을 보았던 것입니다.

오늘도 우리가 믿는 하나님은 세상의 어떤 권력자보다 더 크신 분임을 믿으시기 바랍니다. 따라서 우리는 환경을 중시하지 말고, 하나님을 크게 믿고 바라보며 살아야 합니다. 나의 한계점보다 하나님의 전능하심에 초점을 맞추고 살아가야 합니다. 우리가 믿음의 눈을 뜰수록 하나님이 함께 하고 계심을 확실하게 볼 수 있습니다(창 21:19). 그러므로 하나님의 사람은 하나님을 크게 보며 든든한 인생을 살아갑니다.

기도의 열쇠를 쥐고 살아갑니다

　엘리사는 아람제국의 군인들이 이스라엘 성벽을 완전 포위하였을 때 그 어떤 군사전략이나 방략에 의존하지 않았습니다. 단지 기도로 난국을 극복하였습니다. 단지 이번만이 아닙니다. 인생의 위기상황에 부딪칠 때마다 기도로 푸는 모습을 보여줍니다. 마치 언제나 열쇠를 손에 쥐고 있는 사람은 결코 자물쇠를 두려워하지 않듯이, 기도라는 열쇠를 손에 쥐고 있는 엘리사는 인생의 어떤 문제도 두려워하지 않았습니다. 기도는 하나님께 의탁하는 것입니다. 따라서 하나님께서 풀지 못하는 문제가 없다면 기도하는 사람은 정말이지 아무것도 두려워할 필요가 없습니다.

　17절을 잘 살펴봅시다. 본문의 내용 전개는 매우 멋있습니다. 엘리사는 기도로 시작하고(17절), 기도로 진행하고(18절), 기도로 마무리합니다(20절). 결코 기도를 놓치 않습니다. 엘리사의 기도로 하늘의 군대가 동원됩니다. 엘리사의 기도로 이스라엘 사람들의 눈이 떠지고 엘리사의 기도로 반대로 아람 군인들의 눈이 멉니다. 기도 없이 살았던 게하시에게는 아람제국의 군대가 금성철벽으로 보였으나 기도하는 사람 엘리사에게는 단지 허수아비에 불과했습니다.

사울 왕과 다윗의 영성에도 이런 대조를 보여줍니다. 기도 없는 사울은 골리앗이 무적의 거장으로 보였으나, 기도의 사람 다윗에게는 할례 받지 못한 골리앗이 죽은 개와 벼룩으로 보였습니다. 기도할수록 하나님이 크게 보이기 때문입니다. 기도할수록 하나님께서 강력하게 역사하시기 때문입니다. 기도할수록 해법이 잘 보이기 때문입니다. 그러므로 우리 그리스도인에게는 '문제'가 있는 것이 아니라 '기도제목'이 있을 뿐입니다.

성경은 기도하라는 말을 3천 번 이상 강조합니다. 기도하는 자가 곧 하나님의 사람입니다. 기도하는 자가 거룩한 능력의 사람입니다. 어떤 분은 "그리스도인에게는 막다른 골목이란 없다. 기도의 자리만 있을 뿐이다"라고 말합니다. 예수님도 신앙생활의 비밀은 기도에 있음을 제자들에게 분명히 가르쳐주십니다. 우리가 기도하는 만큼 하나님의 사람이 될 수 있습니다.

어떤 분이 금세기 최고의 복음전도자 빌리 그래함Billy Graham 목사에게, "당신이 오늘 저녁에 죽는다면 무슨 말을 남기시겠습니까?"라고 질문하였습니다. 빌리 그래함은 "첫째, 기도. 둘째, 기도. 셋째, 기도"라고 명쾌하게 대답하였습니다. 그는 하나님의 사람이 되기 위해, 하나님께서 복음전도의 사역을 위대하게 이루시는데 자신을 쓰시도록 기도에 전력하는 삶을 살았던 것입니다. 하나님의 사람은 말을 많이 하는 자가 아니라, 기도를 많이 하는 자입니다. 무릎 꿇고 기도하는 만큼 성령의 역사가 일어납니다. 능력이 임합니다. 기적이 상식이 됩니다.

큰 가슴으로 사랑하며 살아갑니다

역시 본문도 우리를 영성의 절정으로 데려다줍니다. 하나님의 사람의 깊고 진정한 모습은 큰 가슴으로 사랑하는 자가 되는 것에 있다는 진리를 보여줍니다.

본문 20절부터 보십시오. 아람의 군대가 하나님의 초자연적인 역사로 눈이 어두워져 사마리아로 유인되어 갔습니다. 그들은 사마리아 수도로 끌려가 완전히 포로가 되었습니다. 그때 이스라엘 왕 여호람은 의기충천하여 그들을 다 몰살시키자고 합니다(21절). 그러나 하나님의 사람 엘리사는 그 젊은 군인들이 무슨 죄가 있느냐고 하면서 그들을 잘 먹여 고국으로 돌려보내자고 합니다(22절).

아람 군사들은 시리아에서 이스라엘까지 밤새도록 광야 길을 행군하여 왔기에 허기지고 지쳤습니다. 거기다가 이제는 자기들이 포로가 되었기 때문에 불안해하며 떨고 있었습니다. 그래서 하나님의 사람 엘리사는 그들을 사랑으로 보살펴 주어 돌려보내자고 한 것입니다.

본문 22절을 봅시다. 여기에서 엘리사는 모든 근본 문제를 사랑으로 풀어가는 하나님의 사람다운 모습을 보여줍니다. 그야말로 큰 사람의 마음 씀씀이를 보여줍니다. 이처럼 하나님의 사람은 큰 가슴으로 사랑합니다.

이런 우스갯소리가 있습니다. 프랑스 왕 루이 15세가 결혼식을 올리게 되었습니다. 결혼을 앞둔 황태자비가 왕궁에 도착했다는 소식을 듣자, 그녀의 모습이 궁금해진 왕은 신하를 불러 물었습니다.

왕: "어떤가? 미인이던가?"
신하: "예, 천사와 같은 분이었습니다."
왕: "키는 크던가?"
신하: "늘씬한 몸매에 무척이나 아름다운 분이셨습니다. 그야말로 팔등신입니다."
왕: "그러면 가슴은?"
신하: "예~? 신하된 자로서 어떻게 황태자비의 가슴을 들여다볼 수 있겠습니까?"

난감해 하는 신하의 말에 루이 15세 왕은 씽긋 웃으면서 "자네는 아직 중요한 사실을 모르고 있네. 세상 모든 것은 그 가슴 속에서 시작된다네"라고 말했다고 합니다. 웃자고 지어낸 말 같은 이 이야기의 마지막 문장은 매우 주목할 만한 가치가 있는 진술을 합니다. 그 가슴 속에 있는 것을 '사랑'이라고 해석한다면 기독교 윤리의 깊은 본질과도 일맥상통하는 교훈입니다. 사랑이 가장 큰 인격입니다. 사랑의 심성이 최고의 인품입니다. 이 점에 있어서는 세상의 건전한 모든 윤리와 종교가 일치합니다.

세상과 우리가 다른 것은 우리는 예수를 본받아 하나님을 닮은 사랑을 한다는 점에 있습니다. 그러므로 우리의 사랑은 세상이나 다른 종교가 말하는 사랑과는 다릅니다. 사랑의 본질만이 아니라 사랑하는 모습과 자세도 다릅니다. 우리는 예수님을 본받아 사랑의 심성을 품습니다. 사랑의 넓이와 깊이가 곧 그 사람의 영성입니다. 갈라디아서 5장 말씀처럼 성령님이 맺어주시는 최고 수준으로 열매는 사랑을 해야 합니다. 우리는 어떤 아픔이나 상처도 사랑으로 극복해야 합니다. 어떤 손해나 불이익도 사랑으로 정복해 나가야 합니다. 사랑만이 진정한 감화력을 가지고 있습니다(롬 12:21).

마더 테레사는 성공과 실패의 평가를 이렇게 정의합니다.

> "하나님의 평가에는 성공과 실패라는 항목이 없다. 다만 하나님은 우리가 세상에 사는 동안에 얼마나 사랑했는가를 평가하실 것이다."

하나님은 우리가 품은 사랑의 심성으로 인생의 등급을 평가하실 것입니다. 실력보다 사랑입니다. 위대한 사람일수록 깊은 사랑을 합니다. 훌륭한 미술가 레오나르도 다빈치는 "위대한 사람일수록 깊은 사랑을 한다."고 말합니다. 엘리야 선지자가 영적 대결에 치중했다면, 엘리사는 영적 감화에 초점을 맞추었습니다. 지식의 찬바람은 자존심에 상처를 주는 반면, 가슴의 따뜻한 바람은 자존감을 치유해줍니다. 우리가 넓고 큰 가슴으로 사랑할수록 인생은 더욱 아름다워집니다. 독일일의 낭만파 시인 하이네는 "인생이 아름다운 것은 하늘에는 별이 있고, 바다에는 진주가 있고, 땅에는 꽃이 있고, 무엇보다 우리의 가슴에 사랑이 있기 때문이다"라고 노래하였습니다.

우리가 하나님의 사람으로 살아갈수록 기적이 상식이 되는 복을 누립니다. 하나님을 크게 보는 만큼 큰 기적이 따라옵니다. 인생의 어떤 난제도 기도로 풀 때 놀라운 일이 일어납니다. 그리고 큰 가슴으로 사랑하는 만큼 거인 인생이 됩니다. 하나님의 사람이 됩니다.

16장

희망을 품고
사는 자가
기적을 부른다

열왕기하 7:1~20

¹엘리사가 이르되 여호와의 말씀을 들을지어다 여호와께서 이르시되 내일 이맘때에 사마리아 성문에서 고운 밀가루 한 스아를 한 세겔로 매매하고 보리 두 스아를 한 세겔로 매매하리라 하셨느니라 ²그 때에 왕이 그의 손에 의지하는 자 곧 한 장관이 하나님의 사람에게 대답하여 이르되 여호와께서 하늘에 창을 내신들 어찌 이런 일이 있으리요 하더라 엘리사가 이르되 네가 네 눈으로 보리라 그러나 그것을 먹지는 못하리라 하니라 ³성문 어귀에 나병환자 네 사람이 있더니 그 친구에게 서로 말하되 우리가 어찌하여 여기 앉아서 죽기를 기다리랴 ⁴만일 우리가 성읍으로 가자고 말한다면 성읍에는 굶주림이 있으니 우리가 거기서 죽을 것이요 만일 우리가 여기서 머무르면 역시 우리가 죽을 것이라 그런즉 우리가 가서 아람 군대에게 항복하자 그들이 우리를 살려 두면 살 것이요 우리를 죽이면 죽을 것이라 하고 ⁵아람 진으로 가려 하여 해 질 무렵에 일어나 아람 진영 끝에 이르러서 본즉 그 곳에 한 사람도 없으니 ⁶이는 주께서 아람 군대로 병거 소리와 말소리와 큰 군대의 소리를 듣게 하셨으므로 아람 사람이 서로 말하기를 이스라엘 왕이 우리를 치려 하여 헷 사람의 왕들과 애굽 왕들에게 값을 주고 그들을 우리에게 오게 하였다 하고 ⁷해질 무렵에 일어나서 도망하되 그 장막과 말과 나귀를 버리고 진영을 그대로 두고 목숨을 위하여 도망하였음이

라 ⁸그 나병환자들이 진영 끝에 이르자 한 장막에 들어가서 먹고 마시고 거기서 은과 금과 의복을 가지고 가서 감추고 다시 와서 다른 장막에 들어가 거기서도 가지고 가서 감추니라 ⁹나병환자들이 그 친구에게 서로 말하되 우리가 이렇게 해서는 아니되겠도다 오늘은 아름다운 소식이 있는 날이거늘 우리가 침묵하고 있도다 만일 밝은 아침까지 기다리면 벌이 우리에게 미칠지니 이제 떠나 왕궁에 가서 알리자 하고 ¹⁰가서 성읍 문지기를 불러 그들에게 말하여 이르되 우리가 아람 진에 이르러서 보니 거기에 한 사람도 없고 사람의 소리도 없고 오직 말과 나귀만 매여 있고 장막들이 그대로 있더이다 하는지라 ¹¹그가 문지기들을 부르매 그들이 왕궁에 있는 자에게 말하니 ¹²왕이 밤에 일어나 그의 신복들에게 이르되 아람 사람이 우리에게 행한 것을 내가 너희에게 알게 하노니 그들이 우리가 주린 것을 알고 있으므로 그 진영을 떠나서 들에 매복하고 스스로 이르기를 그들이 성읍에서 나오거든 우리가 사로잡고 성읍에 들어가겠다 한 것이니라 하니 ¹³그의 신하 중 한 사람이 대답하여 이르되 청하건대 아직 성중에 남아 있는 말 다섯 마리를 취하고 사람을 보내 정탐하게 하소서 그들이 성중에 남아 있는 이스라엘 온 무리 곧 멸망한 이스라엘 온 무리와 같으니이다 하고 ¹⁴그들이 병거 둘과 그 말들을 취한지라 왕이 아람 군대 뒤로 보내며 가서 정탐하라 하였더니 ¹⁵그들이 그들의 뒤를 따라 요단에 이른즉 아람 사람이 급히 도망하느라고 버린 의복과 병기가 길에 가득하였더라 사자가 돌아와서 왕에게 알리니 ¹⁶백성들이 나가서 아람 사람의 진영을 노략한지라 이에 고운 밀가루 한 스아에 한 세겔이 되고 보리 두 스아가 한 세겔이 되니 여호와의 말씀과 같이 되었고 ¹⁷왕이 그의 손에 의지하였던 그의 장관을 세워 성문을 지키게 하였더니 백성이 성문에서 그를 밟으매 하나님의 사람의 말대로 죽었으니 곧 왕이 내려왔을 때에 그가 말한 대로라 ¹⁸하나님의 사람이 왕에게 말한 바와 같으니 이르기를 내일 이맘 때에 사마리아 성문에서 보리 두 스아를 한 세겔로 매매하고 고운 밀가루 한 스아를 한 세겔로 매매하리라 한즉 ¹⁹그 때에 이 장관이 하나님의 사람에게 대답하여 이르되 여호와께서 하늘에 창을 내신들 어찌 이 일이 있으랴 하매 대답하기를 네가 네 눈으로 보리라 그러나 그것을 먹지는 못하리라 하였더니 ²⁰그의 장관에게 그대로 이루어졌으니 곧 백성이 성문에서 그를 밟으매 죽었더라

Elishah

저희 교회 교인 중 한 분이 교통사고를 당했습니다. 직원들과 함께 점심 식사하러 가는데, 주차장에서 후진하던 차에 부딪쳐 몸이 튕겨져 나갔습니다. 설상가상으로 지나가던 버스에 부딪쳐 치명적인 부상을 입었습니다. 머리가 깨지고 뇌수가 흘러나오고 장기가 터져 온몸이 만신창이가 되었습니다. 이 정도로 간략하게 말했어도 살아날 가능성이 거의 없는 절망적 상태일 것이라고 짐작하셨을 것입니다. 절망적 상태, 그것은 객관적 사실이었습니다.

하지만 그 객관적 사실을 현실로 그대로 받아들일 수는 없었습니다. 그것은 포기이기 때문입니다. 먼저 가족들이 받아들이지 않았습니다. 교회의 형제자매들도 받아들이지 않았습니다. 그대로 받아들여야 할 이유가 없었습니다. 다 함께 하나가 되어, 한 목소리로 기도하였습니다. 사고당한지 닷새 만에 의식이 돌아왔습니다. 죽음을 면했고 식물인간을 면한 것입니다. 하지만 그것으로 만족할 수 없었습니다. 거기에서 포기할 수 없었습니다. 언어능력이 마비되고 중추신경이 마비될 확률이 무척 높았지만 만 석 달이 되지 않아 거의 완치상태가 되었습니다.

기독교는 희망의 종교입니다. 기독교는 운명론을 가르치지 않습니다. 기독교 신앙은 운명에 굴복하는 법을 모릅니다. 바울이 가르치는 '자족'은 현실에서 적당히 만족하자는 체념이 아닙니다. 기독교는 모든 것이 끝장난 것처럼 보이는 그 자리에서도 하나님의 뜻이 아니라면 중단하지 말라고, 차라리 다시 시작하라고 가르치는 종교입니다. 그 어떤 절망과 역경 앞에서 비굴해지기보다는 죽기까지 순종하라고 요구합니다. 심지어 죽었다가도 다시 살아납니다. 부활의 능력으로 살아가는 기적 인생을 보장하는 것이 기독교입니다.

지구촌교회에도 암환자들이 많습니다. 그런데 대부분 기적적으로 회복합니다. 위암, 대장암, 갑상선, 임파선 암 등 치명적인 병들을 놀랍게 이겨냅니다. 희망을 품은 신앙이 가져오는 기적입니다. 빅터 프랭클의 말대로, 오늘도 희망을 품고 사는 자에게는 좋은 일이 일어납니다. 이것이 본문이 우리에게 말하고자 하는 핵심입니다.

이스라엘은 아람제국에게 또 다시 침공을 받았습니다. 이번에는 더 많은 대군을 거느리고 와서 사마리아 성을 완전히 포위했습니다. 그리고 장기전으로 이스라엘을 옥조였습니다. 결국 사마리아 성 주민들은 심각한 식량난에 빠졌습니다. 식품 값이 얼마나 폭등했는지 평상시에는 먹지 않고 버리던 나귀머리조차도 천문학적 값으로 팔렸습니다. 비둘기 똥 모양의 설익은 콩도 엄청나게 비싸졌습니다(6:25). 먹을 것 자체가 없으니 물가가 걷잡을 수 없이 치솟았습니다. 그래서 사마리아 사람들은 인육까지 먹었습니다. 이런 절망적 상황에서도 하나님의 사람 엘리사는 희망을 품으라는 메시지를 전합니다. 이것이 7장의 맥락입니다. 하나님이 아람 군대를 퇴각시키고, 다시 축복의 문을 열어주시면 경제가 정상적으로 회복된다는 희망의 소식입니다.

본문 1절을 봅시다. 하나님이 회복해주시면 경제가 정상화되어 서민들도 넉넉하게 살 수 있다는 희망의 소식입니다. 그래서 고급 밀가루나 보리도 아주 저렴한 가격으로 사먹게 된다는 희망의 뉴스입니다. 오늘도 하나님께서 은혜의 문을 닫으시면 먹고 살기가 어려워지고, 축복의 문을 여시면 일상생활이 윤택해집니다. 하나님이 풀어주셔야 서민경제가 원활해집니다. 그래서 예수님은 하늘 문을 열어주시고자 이 세상에 오셨습니다. 특히 예수님은 십자가를 통해 닫힌 문을 활짝 열어주셨습니다. 은혜의 문, 구원의 문, 축복의 문을 활짝 열어주신 것입니다(마 3:16, 17; 눅 23:45).

그러므로 우리나라는 통일의 문을 열어주시도록 온 국민이 더욱 뜨겁게 기도해야 합니다. 60년 동안 막힌 휴전선도 하나님이 열어주시면 한 순간에 통일이 이루어집니다. 독일 베를린의 장벽과 소련의 철의 장막이 무너진 것처럼 간단하게 이루어질 수 있습니다.

얼마 전 대한민국 공영방송인 KBS에서 '통일 대토론'을 4일 동안 진행했습니다. 통일시대를 준비시키는 아주 좋은 포럼입니다. 진작부터 실시했어야 할 국민운동입니다. 첫 번째 기조 연설자인 박세일 교수는 "통일은 도둑처럼 빨리 올 수 있다"고 강조합니다. 박 교수의 보고에 의하면 독일 대통령이 작년에 비공식으로 우리나라를 방문하면서 참 좋은 얘기를 남겨주고 갔습니다.

첫째, 통일은 반드시 온다.

둘째, 통일은 우리의 생각보다 빨리 온다.

셋째, 통일을 향한 준비는 미리 하고, 많이 하고, 철저히 할수록 좋다.

저는 우리민족을 향한 하나님의 큰 섭리를 믿고 있습니다. 하나님께서 초월적인 방법으로 통일을 이루어주실 것입니다. 물론 우리는 정치적 통일, 경제적 통일, 사회적 통일, 민족적 통일을 추진해나가야 합니다. 그러나 선교적 통일이 기초해야만 하나님께 쓰임 받는 대한민국이 될 수 있습니다. 최근에 저는 통일에 대한 국민적 열정을 확인하며 가슴이 더욱 뜨거워졌습니다. 매주 목요일마다 서초동 사랑의 교회에서 '쥬빌리 통일 구국기도회'가 열리는데, 한번은 제가 가서 설교했습니다. 저는 기도회 참석자들이 대부분 기성세대일 것으로 생각하고 갔는데, 전혀 반대현상이었습니다. 기도회 참석자 2/3가 청년들이었습니다. 우리나라는 역시 희망 공화국입니다. 하나님은 거시적 비전의 통일기도 운동을 기뻐하십니다. 하나님께서 반드시 통일시켜주실 줄 믿습니다. 주변 정세를 볼수록 통일이 가까워지고 있습니다.

그래서 저는 한국교회 역사의 흐름을 구체적으로 조명해보고, 다음과 같은 사실들을 발견하였습니다.

첫째, 복음의 남진입니다.

우리나라 선교는 자랑스러운 특징이 있습니다. 1885년 4월 5일,

언더우드와 아펜젤러 선교사가 제물포에 발을 딛기 전, 1884년 11월에 벌써 황해도 장연군 솔내(송천)에 교회가 세워져 있었습니다. 우리나라는 자랑스럽게도 선교사보다 복음이 먼저 들어왔기 때문입니다.

신의주 사람으로서 만주를 오가면서 한약상을 하던 서상륜. 서경조 형제가 1882년 만주에서 스코틀랜드 선교사 존 로스 목사님을 만나 예수님을 영접했습니다. 그리고 존 로스 목사를 도와 한글 성경 번역작업에 착수합니다. 그렇게 해서 쪽 복음을 만들어 짊어지고 들어와 각지에 다니면서 복음을 증거 하는 동시에 성경책을 팔아 사실상 전도사역을 하였습니다. 그들을 통해 평안도에서 자생으로 교회가 시작되었습니다. 평안북도와 평안남도는 한반도에서 가장 강력한 복음의 모판이 된 것입니다. 그래서 한국최초의 개신교 신학교가 평양에 세워졌고, 한국최초의 대부흥의 불길도 원산과 평양에서 시작되었습니다. 백낙준 박사는 황해도 소래교회를 '한국 개신교의 요람'이라고 불렀는데 이 송천교회 출신들이 서울로 와서 언더우드 선교사와 함께 남한 최초의 새문안교회를 설립한 까닭 때문입니다. 이처럼 우리나라 선교는 북에서 남으로 내려온 것입니다.

둘째, 부흥의 남진입니다.

우리나라는 1905년 일본과 을사조약을 맺으므로 국가의 긴력을 박탈당했습니다. 이런 민족사적 아픔과 절망상태에서 기독교 신자들은 눈물로 기도했습니다. 그래서 1906년에는 함경도 원산에서 부흥운동이 일어나고, 1907년에는 평양 장대현교회에서 사도행전과 같은 성령의 불이 임하는 부흥이 시작했습니다. 이런 놀라운 부흥은 서울과 강릉으로 남진하여 내려왔고, 대구와 부산까지 요원의 불길처럼 퍼져나갔으며, 결국 백만인 구령운동으로 전개되었습니다. 부흥의 바람도 북에서 남으로 내려왔습니다.

셋째, 교회의 남진입니다.

우리나라는 1945년에 해방을 맞이했지만, 미국과 소련의 신탁통치로 남북한이 양분되었습니다. 특히 북한이 공산화되자 수많은 신자들이 38선을 넘어 남한으로 내려왔습니다. 그리고 6.25 동란과 함께 대부분의 북한 신자들이 남한으로 내려와 교회를 세웠습니다. 국가 발전에 큰 공을 세웠습니다. 영락교회, 충현교회, 동도교회, 동신교회, 동안교회, 노량진의 강남교회 등입니다. 한경직, 김창인, 박윤선, 신복윤, 김명혁, 김상복, 곽선희 목사님 등 모두가 북에서 남으로 내려온 분들입니다.

넷째, 탈북자의 남진입니다.

1990년을 기점으로 소련을 위시한 공산주의 국가들이 개방과 개혁으로 사회주의를 포기했습니다. 그런데도 북한은 시대의 흐름을 역행하여 오히려 더 강경한 공산주의 체제를 유지하다보니 최악의 경제난에 빠지고 말았습니다. 그래서 수백만 명이 굶어죽게 되므로 북한주민들의 탈북현상이 빚어진 것입니다. 2011년 현재 남한에 내려온 탈북자가 2만 3천 명이고, 제 3국에서 대기하고 있는 자들이 수십만 명입니다. 그런데 탈북 동포 중 상당수가 기독교 신자가 되고, 목회자가 되어 앞으로 통일 한국을 위해 복음의 전사로 활약할 사람들입니다. 이들은 북한을 탈출하여 중국, 몽골, 태국, 베트남, 라오스를 거쳐 남한으로 내려왔기 때문에 나중에 훌륭한 선교사가 될 수 있습니다. 마치 모세처럼 광야훈련을 받은 미래 지도자들입니다.

저는 하나님께서 통일선교의 북진시대를 열어주실 줄 분명히 믿고 있습니다. 이제는 남진에서 북진으로 전환되어야 합니다. 복음이 북진하고, 부흥의 바람이 북상하고, 교회와 선교의 북진시대를 이루어 만주와 시베리아를 거쳐 예루살렘까지 다시 올라가야 합니다. 그야말로 백투Back to 평양, 백투Back to 원산, 백투Back to 예루살렘을 지향해야 합니다. 지금 남한에 내려와 있는 탈북동포들이 북한에 있는 가족들에게 보내는 돈이 연간 백 억이 넘습니다. 이들이야말로 통일한국을 위한 전령들입니다. 하나님의 섭리에 따라 통일의 선구자로 쓰임 받고 있는 것입니다.

본문에 등장하는 희망의 기적을 알리는 사람들과 같습니다. 그들은 먹고 살기가 어려워 이판사판으로 아람군대 신영으로 들어

갔다가 놀라운 현장을 목격한 것입니다(5절 이하). 하나님께서 특별한 방법으로 아람군대들을 혼비백산시키므로 그들은 사마리아 지역에서 황급하게 퇴각한 상태였습니다. 너무 정신없이 퇴각하다보니 모든 군수품과 생필품을 다 놓고 떠났습니다.

본문 16절을 봅시다. 하나님의 사람 엘리사의 말대로 이스라엘은 다시 풍요의 시대를 맞이 하였습니다. 한 순간에 물가가 안정되고, 서민경제가 회복된 것입니다. 저는 하나님께서 우리나라를 이렇게 축복하실 줄 믿습니다. 21세기 선교한국으로 쓰실 줄 믿습니다.

예레미야 선지자의 말처럼 하나님의 계획은 재앙이 아니라, 평안과 미래 번영입니다. 통일한국, 통일선교 시대를 열어주실 것입니다. 백투 평양, 백투 원산, 백투 예루살렘을 가능케 하십니다.

요즘 어떤 인생의 위기에 처해 있습니까? 어떤 경제적 어려움을 겪고 있습니까? 어떤 질병으로 절망 상태에 놓여 있습니까? 하나님께서 회복해주실 줄 믿으시기 바랍니다. 하나님이 도와주시면 기적이 일어납니다. 하나님께서 풀어주십니다. 하나님이 축복해주시면 잃어버린 모든 것을 만회합니다. 그러므로 우리는 어두운 상황일수록 희망적 신앙으로 풀어가야 합니다. 우리는 불안한 미래 염려를 극복하기 위해서는 희망이 필요합니다.

We need hope to cope.

우리가 읽은 열왕기하 7장의 메시지도 매우 대칭적 구조로 결론을 내립니다. 16절과 17절입니다. 어두운 상황에서도 희망을 품은 사람들에게는 풍요의 기적이 찾아오고(16절), 스스로 절망을 선택한 사람에게는 비참한 불행이 찾아와 죽음으로 끝납니다(17절). 이처럼 비관과 낙관, 절망과 희망, 불행과 행복, 가난과 부요는 당신의 선택에 따라 결정됩니다.

"당신이 선택하면, 하나님이 바꾸어주십니다."
You make choice, God makes change.

오늘도 희망을 품고 사는 자에게는 좋은 일이, 기적이 일어납니다. 그래서 저는 우리 시대의 희망 시인 정호승의 '희망을 만드는 사람이 되라'는 시 한편을 선물로 드립니다.

이 세상 사람들 모두 잠들고
어둠 속에 갇혀서 꿈조차 잠이 들 때
홀로 일어난 새벽을 두려워 말고
별을 보고 걸어가는 사람이 되라
희망을 만드는 사람이 되라.

겨울밤은 깊어서 눈만 내리어

돌아갈 길 없는 오늘 눈 오는 밤도
하루의 일을 끝낸 작업장 부근
촛불도 꺼져가는 어둔 방에서
슬픔을 사랑하는 사람이 되라.
희망을 만드는 사람이 되라.

절망도 없는 이 절망의 세상
슬픔도 없는 이 슬픔의 세상
사랑하며 살아가면 봄눈이 온다.
눈 맞으며 기다리던 기다림 만나
눈 맞으며 그리웁던 그리움 만나
얼씨구나 부둥켜안고 웃어보아라.
절씨구나 뺨 부비며 울어보아라.

별을 보고 걸어가는 사람이 되어
희망을 만드는 사람이 되어
봄눈 내리는 보리밭길 걷는 자들은
누구든지 달려와서 가슴 가득히
꿈을 받아라.
꿈을 받아라.

17장

최선을 다 할 때
최선의 기적을
맛본다

열왕기하 13:14~21

¹⁴엘리사가 죽을 병이 들매 이스라엘의 왕 요아스가 그에게로 내려와 자기의 얼굴에 눈물을 흘리며 이르되 내 아버지여 내 아버지여 이스라엘의 병거와 마병이여 하매 ¹⁵엘리사가 그에게 이르되 활과 화살들을 가져오소서 하는지라 활과 화살들을 그에게 가져오매 ¹⁶또 이스라엘 왕에게 이르되 왕의 손으로 활을 잡으소서 하매 그가 손으로 잡으니 엘리사가 자기 손을 왕의 손 위에 얹고 ¹⁷이르되 동쪽 창을 여소서 하여 곧 열매 엘리사가 이르되 쏘소서 하는지라 곧 쏘매 엘리사가 이르되 이는 여호와를 위한 구원의 화살 곧 아람에 대한 구원의 화살이니 왕이 아람 사람을 멸절하도록 아벡에서 치리이다 하니라 ¹⁸또 이르되 화살들을 집으소서 곧 집으매 엘리사가 또 이스라엘 왕에게 이르되 땅을 치소서 하는지라 이에 세 번 치고 그친지라 ¹⁹하나님의 사람이 노하여 이르되 왕이 대여섯 번을 칠 것이니이다 그리하였더면 왕이 아람을 진멸하기까지 쳤으리이다 그런즉 이제는 왕이 아람을 세 번만 치리이다 하니라 ²⁰엘리사가 죽으니 그를 장사하였고 해가 바뀌매 모압 도적 떼들이 그 땅에 온지라 ²¹마침 사람을 장사하는 자들이 그 도적 떼를 보고 그의 시체를 엘리사의 묘실에 들이던지매 시체가 엘리사의 뼈에 닿자 곧 회생하여 일어섰더라

Elishah

2011년 8월 2일 하용조 목사님께서 향년 66세 일기로 세상을 마감하셨습니다. 그는 복음에 인생을 걸었던 사람입니다. 그는 대학 시절부터 복음에 올인하여 헌신하였습니다. 너무 무리하여 폐병에 걸렸습니다. 폐병을 치료받다가 약물부작용으로 간경화가 왔고, 결국 간암으로 악화되었습니다. 그는 일곱 차례나 간암수술을 받으면서도 불사조가 되어 목회에 올인했습니다. 돌아가시기 전날도 설교하셨습니다. 한마디로 하용조 목사는 하나님께서 주신 것을 남김없이 다 쓰고 간 사람입니다. 자기 체력을 다 쓰고, 최선 인생을 살고 갔습니다. 마치 다윗 왕이 자기 체력을 다 소진하며 최선의 인생을 산 것과 같습니다(왕상 1:1).

19세기의 훌륭한 설교자 크리스마스 에반스Christmas Evans라는 분이 숭고한 열정으로 최선의 인생을 살았습니다. 그리고 우리가 가슴에 새길만한 명언을 남겼습니다.

"내 인생이 녹슬어 버리기 보다는 타버리는 편이 훨씬 좋다."
"인생은 녹슬어서 못쓰게 되든지,
닳아서 못쓰게 되든지 둘 중 하나다."

단지 좋은 말이 아니라, 우리의 가슴에 열정의 불을 지피지 않습니까? 최선을 다하지 않고, 여유 있는 적당함이 최선이라고 여기는 우리를 부끄럽게 만드는 말이 아닙니까? 정말 진지하게 도전하도록 만들어주며 자성케 하는 명언입니다.

본문은 최선을 다하지 않는 사람과 최선을 다하는 사람의 극명한 대조를 보여줍니다. 최선을 다하지 않는 사람은 굴러들어오는 복을 차는 꼴이 되고, 최선을 다하는 자에게는 신비한 기적이 일어납니다. 그 극명한 대조는 이스라엘 왕 요아스와 선지자 엘리사의 상반된 모습 사이에서 이뤄집니다. 엘리사는 80대 후반이 되어 노환으로 죽음을 앞두고 있었습니다. 그래서 이스라엘 왕 요아스가 문병 왔습니다. 그 당시 관습으로 왕은 개인적인 문병을 다니지 않았으나, 엘리사 선지자는 이스라엘의 영적인 아버지였기에 왕이 직접 문병을 온 것입니다(14절). 왕이 문병을 오자 엘리사는 요아스 왕을 축복하려고 활과 화살을 가져오도록 합니다. 그리고는 자기의 두 손을 왕의 손에 얹고 온 마음을 다해 축복합니다(15~16절). 기도를 마친 후 엘리사는 요아스 왕에게 동쪽을 향해 활을 힘껏 쏘라고 합니다. 그것은 곧 동방에 있는 아람 제국을 하나님께서 이기게 해주신다는 상징적 메시지라고 설명합니다(17절).

다음 단계로 엘리사는 요아스 왕에게 화살을 한주먹 손에 쥐라고 합니다(18절). 그리고 그 화살들을 가지고 땅을 힘껏 내려치라고 합니다. 그랬더니 요아스 왕은 세 번만 치고 그만둡니다. 그러자 엘리사 선지자는 안타까운 심정으로 요아스 왕에게 최선을 다해 대여섯 번은 쳤어야 했다고 말합니다. 깊은 아쉬움이 담긴 엘리사의 말에는 어떤 의미가 있습니까? 우리가 적극적인 믿음으로 최선을 다하는 만큼 하나님의 놀라운 기적을 경험할 것이라는 의미입니다. 만일 요아스 왕이 적극적으로 최선을 다하는 믿음으로 반응했다면 그는 아람제국을 계속 이기는 새 역사의 지평을 열었을 것입니다. 그런데 최선을 다하지 않았기 때문에 굴러들어오는 축복을 스스로 걷어찬 것입니다. 그는 영웅이 될 수 있는 기회를 스스로 차버린 것입니다.

오늘 우리에게도 동일한 각성의 메시지입니다. 주님은 우리에게 "Why not the best? 왜 최선을 다하지 않느냐?"고 안타까워하십니다. 우리는 모든 일에 최선을 다하는 만큼 최고, 최상의 수준까지 올라갈 수 있습니다. 단지 우리가 포기하기 때문에 거기까지 올라가지 못하는 것입니다. 중도에 포기하고는 여기가 최상이라고 말하는 것은 거짓된 변명에 불과합니다. 하나님이 원하시는 것은 하나님께서 원하시는 가장 높은 곳까지 올라가려고 최선을 다하는 믿음의 적극성입니다. 목표를 달성하기까지 구하고, 찾고, 문을 두드리는 적극적인 신앙생활을 요구하십니다. 최선을 다할 때 최상의 기적이 일어납니다.

지구촌교회에 이런 주인공이 있습니다. 아시아 항공의 기장이 한 분 계십니다. 그는 2년 전, 2009년 6월 27일에 영국 런던 호텔에서 뇌출혈로 쓰러졌습니다. 뇌출혈로 쓰러지면 곧바로 조치해야 하는데, 호텔방에서 10시간이나 방치되어 있었습니다. 다음날 아침에야 발견되었습니다. 초기 조치를 취하지 못하고 너무 방치

된 탓에 영국 최고의 의료진들조차 회복이 불가능하다며 포기했습니다. 그때 연락을 받고 영국의 병원으로 찾아간 부인 신 집사는 함께 머물면서 자신이 의지할 수 있는 최선의 것을 붙잡았습니다. 하나님을 믿고 기도하는 것이었습니다. 그것 밖에 할 수 없었지만, 그것에 최선을 다했습니다. 영국인 의사들이 영어로 하는 말을 알아듣기 힘들었기 때문에 그냥 순진한 믿음으로 단순하게 기도했습니다. 결국 하나님이 감동하셨습니다. 고 집사는 혼수상태 33일 만에 깨어났습니다. 놀랍지 않습니까? 그리고 지금 아시아나 항공 기장 훈련팀에서 건강하게 활동하고 계십니다. 최선을 다할 때 최상의 기적이 일어납니다. 하나님은 오늘도 최악을 최선으로 바꾸어주십니다.

본문 메시지는 매우 실제적인 교훈을 줍니다. 이스라엘 왕 요아스가 최선을 다하는 믿음으로 반응했더라면 이스라엘의 역사는 달라졌을 것입니다. 본인의 치세 자체도 철저하게 달라졌을 것입니다. 아람제국을 멸망시키는 강대국을 자신이 이루었을 것입니다. 그런데 엘리사가 설명을 해주었음에도 불구하고 최선을 다하지 않았습니다. 그 때문에 진정한 성공을 거머쥐지 못합니다. 그는 인생을 적당히 살았기 때문에 삼류 수준에서 멈추고만 것입니다. 일류가 될 수 있었는데, 삼류로 전락한 것입니다.

반면에 엘리사 선지자는 우리에게 너무나 훌륭한 모범을 보여줍니다. 최선인생의 표본을 보여 줍니다. 엘리사는 노환으로 죽음을 앞둔 상황에서도 최선을 다하여 인생을 마감하는 본을 보여주고 있습니다. 그래서 그는 일등급 인생으로 존경받는 인물이 된 것입니다. 최선을 다한 만큼 일류가 된 것입니다. 성경에 등장하는 위인들의 공통점이 이것입니다. 그들은 모두가 최선을 다하므로 일등급 성공자가 되었습니다. 이류, 삼류가 아닌 일류가 되었습니다.

당신은 얼마나 최선을 다하고 계십니까? 당신은 몇 등급 인생을 살고 있습니까? 요아스 왕처럼 최선을 다하지 않으므로 이류, 삼류로 전락하고 있지는 않은지요? 엘리사처럼 마지막 순간까지 최선을 다하므로 일등급 인생으로 부상 하십시오.

엘리사는 20대 청년시절에 선지 생도로 소명을 받았습니다(왕상 19:19). 그리고 약관 30세에 엘리야의 후계자가 되었습니다. 거저 주어진 것이 아닙니다. 스승 엘리야를 끝까지 따라다니며 최선을 다하는 태도를 보였기에 최고, 최상의 선택을 받은 것입니다. 그렇게 축복을 쟁취하였던 것입니다. 그는 이스라엘 정국이 불안정한 시대에 다섯 명의 왕정과 과도기를 거치면서도 약 56년 동안 초지일관 사역했습니다. 그는 결코 지치지 않는 삶을 살았습니다. 모세가 120세까지, 여호수아가 110세까지, 다윗이 80세까지, 다니엘이 90세까지 최선을 다해 열정인생을 살았던 것과 같습니다. 이처럼 엘리사는 최선을 다하는 인생을 살았습니다. 그는 처음 소명을 받을 때에도 소 열두 겨리로 짓는 농사에서 직접 소 한 겨리를 끌고 최선을 다해 밭갈이를 하고 있었습니다. 하나님은 최선을 다히는 사람을 크게 쓰십니다. 그래서 그의 인생의 대단원이 너무나 멋있습니다. 본문 20절과 21절을 자세히 보십시오. 엘리사의 두 배 기적 시리즈 말씀이 너무나 멋진 해피엔딩으로 대단원을 내립니다.

엘리사가 죽고 난 후 모압의 도적떼가 이스라엘 땅을 침범하곤 했습니다. 어느 날도 이스라엘 사람들이 장례식을 하고 있었는데, 모압의 도적떼가 또 나타났습니다. 그래서 그들은 죽은 시체를 엘리사의 무덤에 내던지고 달아났는데, 그때 그 사람의 뼈가 엘리사의 뼈에 닿자, 그 사람이 살아나는 신비한 기적이 일어난 것입니다. 이것은 이스라엘 백성들에게 하나님의 살아계심을 확신시켜주는 상징적 메시지입니다. 이처럼 그는 죽어서도 자기 사명에 최선을 다한 것입니다. 죽어서도 기적을 일으킵니다.

예수님의 삶이 이렇습니다. 예수님은 십자가에 못 박혀 죽으시는 순간에도 최선을 다하십니다. 자기 곁에서 죽어가는 사람까지도 구원해내십니다. 최선을 다해 자기 사명을 이루십니다. "다 이루었다"고 선언하십니다(요 19:30). 그래서 죽은 지 사흘 만에 부활의 기적이 일어난 것입니다. 예수님은 부활의 능력으로 최상의 은총을 보증해주십니다.

오늘도 최선을 다하는 자에게 최상의 기적이 일어날 줄 믿습니다. 두 배의 기적이 일어납니다. 최악이 최상으로 바뀝니다. 인생의 새로운 지평을 이루어나가십시오.